Britta Keil

Milas Lied

Britta Keil

Milas Lied

Ravensburger Buchverlag

Bibliografische Information der Deutschen Nationalbibliothek

Die Deutsche Nationalbibliothek verzeichnet diese Publikation in der Deutschen Nationalbibliografie; detaillierte bibliografische Daten sind im Internet über **http://dnb.d-nb.de** abrufbar.

MIX
Papier aus verantwortungsvollen Quellen
FSC® C014496
FSC
www.fsc.org

Das für dieses Buch verwendete FSC®-zertifizierte Papier liefert Arctic Paper Mochenwangen GmbH

1 2 3 13 12 11

Das Gedicht auf Seite 74 und 75 ist folgendem Werk entnommen:
Rainer Maria Rilke, Gesammelte Gedichte.
Erschienen 2006 im Wilhelm Goldmann Verlag, München.

Covergestaltung: Kathrin Schüler, Hamburg, unter Verwendung eines Fotos von plainpicture/Stüdyo_Berlin

Lektorat: Petra Deistler-Kaufmann

Printed in Germany

ISBN 978-3-473-35324-8

www.ravensburger.de

Für die silbergraue Katze

Ich hätte sie beschützen müssen.
Ich habe sie losgelassen.
Ich habe sie verraten.
Ich habe sie verloren.
Meine schöne, seltsame Mila.

Theo hatte gesagt, ich sollte gefälligst aufhören, mich vor dem Leben zu fürchten. Damit meinte er die Stadt, in der ich seit drei Monaten wohnte und in der ich nur noch nicht angekommen war.

Ich hatte mich nach einem Ort gesehnt, an dem ich endlich niemanden mehr mit Namen kannte, an dem ich jemanden kennenlernte, weil ich es wollte, und nicht weil ich ihn täglich an der einzigen Haltestelle traf, die es gab. Davon abgesehen hatte es mir jeden Morgen die Kehle zugeschnürt, wenn ich aus dem Wohnzimmerfenster meiner Eltern sah. Die Blumenkübel in Terrakotta-Optik wären noch zu ertragen gewesen, der Porzellanreiher hingegen, der über den Teich mit Vaters Goldfischen wachte, verursachte mir regelmäßig Übelkeit. So kam ich nach Berlin.

Als ich klein war, war unser Garten ein ganz normaler Garten gewesen. Mit Unkraut und Sandkiste. Das war, bevor ich in der Sandkiste eine tote Maus fand, bevor mein Vater meine Mutter betrog und bevor meine Eltern beschlossen, aus Liebe zu ihrer Tochter zusammenzubleiben.

Mein Vater und ich bestatteten die arme Maus in einer feierlichen Zeremonie unter den Himbeersträuchern, aber in der Sandkiste wollte ich trotzdem nicht mehr spielen. Kurz darauf verschwanden erst die Sandkiste und dann mein Vater. Seltsamerweise sind diese Ereignisse in meiner Erinnerung bis heute untrennbar miteinander verbunden.

Nach ein paar Wochen tauchte mein Vater wieder auf und ließ an der Stelle, wo meine Sandkiste gestanden hatte, einen Teich ausheben. Er wurde zum Inbegriff dessen, was ich heute als das Ende meiner unbeschwerten Kindheit bezeichnen würde. Für meine Mutter hingegen wurde der Garten zu einer Art Obsession. Je häufiger sie sich mit meinem Vater stritt, umso schöner wurde unser Garten. Irgendwann kam der Reiher und ich stellte meine Mutter zur Rede. Sie berichtete mir vom Seitensprung meines Vaters und erklärte, dass man für die Familie Opfer bringen müsse. Das klang irgendwie logisch, aber da ahnte ich auch noch nicht, dass ich das Opfer sein könnte. Das ist inzwischen sechs Jahre her. Meine Abneigung gegen Goldfische habe ich immer noch nicht überwunden.

Ich saß auf dem Fensterbrett und schaute zu, wie Raketen die Hauswand gegenüber bunt färbten. Plötzlich knarrte meine Tür. Theo.

Auf dem Handteller balancierte er eine Untertasse, die ihm als Aschenbecher diente, in der anderen Hand hielt er eine Flasche Bier. In seinem Mundwinkel klemmte eine Zigarette. Nicht unbedingt die optimalen Voraussetzungen, um ein Gespräch zu beginnen.

»Müssen wir schon los?«, fragte ich.

Theo nickte und ein Klumpen Glut fiel auf den Dielenboden.

Sein Mund verzog sich zu einem hämischen Grinsen. Er mochte es, mich in Panik zu versetzen. Das gehörte zu seinem »Projekt Rike«, in dem es darum ging, mich großstadttauglich zu machen.

Lektion 1: Die Großstadt ist ein wildes Raubtier. Du kannst sie nicht zähmen. Du musst lernen, schneller zu werden als sie.

Ich fand es aus verschiedenen Gründen gut, Theos Mitbewohnerin zu sein. Gut fand ich zum Beispiel, dass man es mir nicht ansah. Jedenfalls nicht, wenn wir so wie an diesem Abend zusammen in der U-Bahn standen.

Man hätte denken können, wir seien befreundet, man hätte sogar denken können, wir seien ein Paar, und ganz nebenbei strahlte etwas von Theos Gelassenheit auf mich ab. Wir waren keine Freunde.

Niemand wäre auf die Idee gekommen, dass ich in diesem Augenblick eigentlich viel lieber auf meinem Hochbett gelegen hätte. Mit einer Wärmflasche unter den Füßen und einer 200-Gramm-Tafel Vollmilchschokolade an Bord. Wäre mir eine Wahl geblieben – ich hätte dieses Schiff süßer Seelentröster definitiv erst im neuen Jahr wieder verlassen und auch nur mit der Gewissheit, dass der Bruch mit sämtlichen Zutraulichkeiten einen Sinn hatte.

Theo betrachtete mich im fahlen Licht der U2, als könnte er meine Gedanken lesen. Wie ein besorgter, großer Bruder sah er mich an und das gefiel mir überhaupt nicht. Es war mir unangenehm, dass mein Anblick ihm offensichtlich ein Gefühl von Verantwortung aufdrängte. Theo gehörte nicht zu der Sorte Mensch, die sich ständig Sorgen macht, und er sollte meinetwegen auch nicht damit anfangen.

Alles an ihm erweckte den Anschein sorgloser Lässigkeit. Seine kurz rasierten Haare, der Dreitagebart, seine Klamotten – wie angeboren sahen die aus. Ich konnte mir nicht vorstellen, Menschen wie Theo je in einem Klamottenladen anzutreffen. Oder in einer Drogerie. Mit so profanen Dingen wie Rasierschaum in der Hand.

Als ich vor drei Monaten bei ihm auftauchte, um mich für das WG-Zimmer zu bewerben, war sofort klar, dass das mit Theo anders laufen würde als mit den Jungs, die ich bisher kannte. Er öffnete die Tür in Unterhose, fragte, ob ich Friederike sei, und winkte mich herein. Ich zögerte. Meine Mutter hatte mich vor dieser Stadt gewarnt. Vor allem vor den vielen Drogenabhängigen und den Künstlern. Emotionale Verwahrlosung, eine ungewollte Schwangerschaft und der frühzeitige Abbruch meines Hochschulstudiums waren mir vorhergesagt worden. Meine Mutter ist eben eine sehr fantasievolle Frau, nicht nur, wenn es um ihren Garten geht.

Ich betrat den schmalen Flur.

»Kaffee?«

»Gerne.«

Zu den von mir wohlsortierten Sätzen, die meine absolute Tauglichkeit als WG-Mitglied unter Beweis stellen sollten, kam ich gar nicht. Theo wollte lediglich wissen, ob mir mein Zimmer gefiele und ob ich irgendwelche Fetische habe. Frage eins war schnell beantwortet. Das Zimmer war traumhaft. Es war groß, hell und leer. Weder meine Mutter noch mein Vater würden verhindern können, dass ich die Wände bunt anmalte. Frage zwei konnte ich nicht so schnell beantworten, da ich nicht mal genau wusste, was Theo mit Fetisch meinte. Das hieß dann wohl nein.

»Okay«, sagte Theo, während wir in meinem zukünftigen Zimmer standen und ich in Gedanken bereits Möbel rückte. »Das hier ist ein Männerhaushalt und ich will, dass das so bleibt.«

Ich sah ihn irritiert an. »Ich bin aber eine Frau.« Es sollte nicht das letzte Mal gewesen sein, dass ich ihn darauf aufmerksam machen musste.

»Nee, du bist mein neuer Mitbewohner.«

Komplimente klingen anders, ich weiß.

Wir standen immer noch in der U-Bahn, als Theos Handy klingelte.

»Hi, Robert – zehn Minuten – Scheiße – alles klar tschau.«

»Was ist los?«, fragte ich.

»Robert wollte nur wissen, wo wir bleiben. Im *Blauen Salon* ist die Hölle los. Sie gehen schon mal rein.«

Die Hölle. Ich sollte den ersten Tag des neuen Jahres in der Hölle verbringen.

»Ach so«, sagte ich und tastete in der Jackentasche nach dem Wohnungsschlüssel. Ich spürte das kühle Metall und wurde ruhiger. Ich wusste, in der obersten Schublade meines Schreibtisches lag noch der Unterleib eines Schokoladenweihnachtsmannes.

Wir fuhren in die nächste U-Bahn-Station ein. Ich schaute auf die Uhr. Knapp fünfzig Minuten bis Mitternacht. Ich stellte missmutig fest, dass es nicht der Gedanke an etwas

Süßes war, der sich geräuschvoll durch meinen Magen fraß. Es war etwas anderes. Etwas, was in diesem Augenblick genauso wenig in meinen Bauch gehörte wie ein Schokoladenweihnachtsmann.

Melancholie.

Na schön, stellen wir uns den Tatsachen. Dieses Jahr war ein Desaster gewesen. Hinter mir lagen eine versaute Abifeier, eine verkorkste Führerscheinprüfung und zwei Todesfälle. Mein Exfreund Moritz hatte nichts Besseres zu tun gehabt, als auf der großen Abschlussparty vor meinen Augen mit einer anderen rumzuknutschen. Mein Fahrlehrer war Choleriker. Die Tatsache, dass ich mich während jeder Fahrstunde fast übergab, brachte ihn zur Weißglut. Ich bin mir sicher, es lag an dem Duftbäumchen, Sorte »New Car«, das am Innenspiegel baumelte.

Und die Todesfälle? Im September nahm sich mein Wellensittich das Leben. Das einzige Wesen, das mich bedingungslos liebte, abgesehen von meiner Mutter, stürzte sich eines Abends in das Bierglas meines Vaters. Als wir es bemerkten, war Tobi längst ertrunken. Ich trug ihn in einem Pappkarton in den Garten zu den Himbeerbüschen und rammte wie betäubt den Spaten in die steinharte Erde.

Im Oktober starb Janis Joplin. Okay, das ist jetzt vierzig Jahre her, aber Janis ist inzwischen so eine Art große Schwester für mich geworden. Manchmal ist es eben so, man hört eine Stimme und hat das Gefühl, den Menschen zu der Stimme zu kennen – nicht bloß seinen Namen oder die Namen seiner Alben, sondern seine Art, Dinge zu betrachten. Ich habe irgendwann aufgehört, Biografien über Janis zu lesen. Ich hatte den Eindruck, dass ich sie weder bei Wiki noch in irgendwelchen Büchern finden würde, sondern nur in ihren Songs.

Janis konnte sehr wütend sein, das gefiel mir. Am liebsten mochte ich es, wenn sich ihre Wut mit meiner verbündete – gegen meine Eltern und gegen triste Sonntagabende mit Reiherblick.

Eine andere Stimme zerriss diesen Gedanken. Keine schöne Stimme. Eine seltsame Stimme. Seltsam schön vielleicht. Und sehr laut.

Ich sah zu Theo und meinte, Verwirrung in seinem Blick zu entdecken. Er merkte es und schon tauschten seine Augen ihr Glitzern gegen das übliche Nichts.

Ich stellte mich auf Zehenspitzen und erspähte zwischen Mützen und Kapuzen einen dunklen Haarschopf, der sich seinen Weg durch die Menschenmenge bahnte. Sekunden später sah ich den Mund dazu und das Gesicht und die kleine Frau, die sich mit einer Gitarre unterm Arm singend durchs Abteil schlängelte. Als sie näher kam, wurde aus der Frau ein Mädchen. Ihre Haut war blass und glatt und sie trug riesige Ohrringe. Was sie sang, klang wie Russisch. Das passt zu den Ohrringen, dachte ich und fand mich dämlich. Woher kommt diese Stimme, fragte ich mich und musterte das Mädchen, das jetzt neben mir stand. Unauffällig suchte ich nach der Stelle an ihrem zierlichen Körper, die diese Kraft erzeugte.

Stopp, sagte mein Kopf. Du bist sentimental und sonst gar nichts.

Ich sah Theo an, doch der starrte bloß vor sich hin.

Mädchen verwechseln Sentimentalität ständig mit Klugheit.

Ihr heult und denkt, ihr seid im Recht. O-Ton Theo.

Spaß ist euch zu simpel. Sobald ihr Weiber ein hübsches Mädchen seht, das sich amüsiert, erklärt ihr es für primitiv. Weil ihr's nicht aushaltet, dass es Mädchen gibt, die clever sind und trotzdem 'nen geilen Arsch haben.

So was musste ich mir öfter anhören, seitdem ich mit Theo zusammenwohnte. Was im Grunde nur bedeuten konnte, dass er meinen Arsch nicht geil fand.

Was interessierte es mich überhaupt, was Theo über meinen Hintern dachte? Seiner war mir doch auch egal. Theo war nämlich gar nicht mein Typ.

Das Mädchen mit der Gitarre stieg an der nächsten Haltestelle aus und mit ihm die dusseligen Analysen über meinen und Theos Hintern.

Als wir vorm *Blauen Salon* standen, war es kurz vor zwölf. Vor uns wartete ein Haufen Leute auf dasselbe wie wir: einen Eintrittsstempel, eine Garderobenmarke und ein Glas Sekt. Ein Wunder hätte geschehen müssen, damit sich diese drei Wünsche für Theo und mich bis Punkt Zwölf erfüllten. Mir wurde klar, dass ich den magischen Moment des Jahreswechsels in einem finsteren Hinterhof verbringen würde, in einem finsteren, versifften Hinterhof, zusammen mit Theo und ein paar Leuten, die es wie wir nicht geschafft hatten, im entscheidenden Moment pünktlich zu sein.

»So'n Scheiß, Mann«, fluchte ich.

»So'n Scheiß, Mann«, echote Theo und rempelte mich an.

Er schenkte mir ein spöttisches Lächeln und gab mir zu verstehen, dass ich hier mal wieder irgendetwas überbewertete.

Lektion 2: Berlin für Fortgeschrittene heißt nicht, auf jeder angesagten Party zu tanzen, sondern lediglich zu wissen, wo sie stattfindet, und dann nicht hinzugehen.

Ich schaute auf mein Handy. Noch vier Minuten bis Mitternacht.

»Und – irgendwelche guten Vorsätze fürs neue Jahr?«, fragte ich Theo, um die letzten Minuten zu überbrücken.

»Nö.«

Theo kramte in seiner Jackentasche und fand einen Zigarettenfilter. »Halt mal.«

Es machte ihn sichtlich nervös, als er feststellte, dass sich in der anderen Jackentasche weder Tabak noch Papers befanden.

»Bin gleich wieder da.«

Theo lief in Richtung Eingang und schnorrte unterwegs sämtliche Leute nach Tabak an. Irgendwann war er im Gedränge verschwunden.

Die wartenden Gäste hatten sich zu Grüppchen zusammengetan. Einige Leute hatten auf die Schnelle Sekt organisiert. Ich hatte die Hoffnung inzwischen aufgegeben, Theo in diesem Jahr noch mal zu sehen, und stand allein in der Menge. Ich atmete die eiskalte Luft, die bereits nach Rauch schmeckte. Jemand warf von einem Balkon aus Böller in den Hof. Die Wände katapultierten das Echo der Explosionen in meine Ohren, dass es fast wehtat. Ein Mädchen schimpfte lauthals, als ein Geschoss Funken schlagend an ihm abprallte und wenige Zentimeter weiter in einer Schneepfütze erlosch. Ich fühlte mich winzig. Ich spürte den Zigarettenfilter in meiner Hand. Die letzten Sekunden vergingen wie in Zeitlupe. Jemand begann von zehn an rückwärtszubrüllen.

Und plötzlich war der Himmel wie ein viel zu großer, bunter Hut auf meinem Kopf.

Heute vor einem Jahr saßen wir bei 15 Grad minus auf der Treppe vorm Pik *und haben Schawarma gegessen. Mit Zwiebeln und fetter Knoblauchsoße. So wie ich sie liebe. Außerdem: Hätte ich sie ohne Zwiebeln und Knoblauchsoße bestellt, hättest du ja sofort gewusst, dass ich dich küssen will. Du solltest bloß nicht denken, dass ich dich küssen will – du Angeber! Aus der Alufolie haben wir uns Ringe gebastelt und an die Finger gesteckt. Nach dem Kuss. Er hat ja trotzdem so gut geschmeckt.*

Das war unsere Verlobung. Ich weiß, wir haben es nicht so genannt, aber über unsere Zukunft haben wir geredet, bis die Sonne aufging. Das ist doch besser als jede Scheißverlobung.

Ich werde mir nachher eine Schawarma kaufen. Mit extraviel Zwiebeln. Bei Fatih, der mir mit einem Zwinkern auch »extraviel scharf« anbietet. Nein, danke. Nix Zwinkern. Nix scharf. Und dann setze ich mich an den Kanal und werde in meine Schawarma beißen und dabei kein bisschen an dich denken, Serjoscha.

Robert kam aus der Schweiz, lebte zurzeit mit ein paar Leuten in einem besetzten Haus in Amsterdam und hatte lange blonde Haare.

Das war der Stand der Dinge, als unsere Lippen kollidierten.

Zwischen dieser Kollision und dem Morgen danach lagen eine Handvoll Stunden, die absolut nicht erklärten, warum Robert plötzlich neben mir lag, nackt und schnarchend, ans Tageslicht gebracht wie ein großer Irrtum.

Mein schwerer Kopf verhinderte, dass ich sofort aufsprang und davonrannte, viel mehr aber noch die Tatsache, dass ich in meinem Bett lag, in *meinem* Zimmer und es keinen Ort gab, an den ich mich hätte flüchten können. Nicht in diesem Zustand. Also betrachtete ich eine Weile lang Robert und versuchte, ihn ebenso schön wie in der Nacht und die Situation harmlos und richtig zu finden. Doch die gemeinsam geleerte Flasche Sekt lag noch hinter meiner Matratze und ihr bloßer Anblick löste eine Welle der Übelkeit in mir aus.

Robert aus der Schweiz grunzte und drehte sich auf die Seite. Ich starrte auf das zerkratzte Etikett der Sektflasche mit der geschwungenen goldenen Schrift darauf, das gestern irgendeinen feierlichen Anlass verhießen hatte, und betrachtete den ausgefransten Aluminiumkragen des Flaschenhalses. Die Tatwaffe eines Verbrechens, das ich nicht begangen haben wollte.

Ich schloss die Augen und Bilder der letzten Nacht kehrten unweigerlich zurück, verdreht, überbelichtet, wie im Zeitraffer.

Zuallererst: mein verzweifeltes Bemühen, zwischen den Leuten im Club auf Theo zu treffen, diesen Vollidioten, der mich für eine Kippe einfach hatte stehen lassen. In meinem Wintermantel hatte ich den *Blauen Salon* durchquert, weil die Schlange an der Garderobe viel zu lang gewesen war, weil ich allein eigentlich gar nicht dort sein wollte. Als ich Theo nicht fand, wurde ich fast panisch. Die Hitze machte alles nur noch schlimmer und hinderte mich daran herauszufinden, was jetzt das Vernünftigste wäre.

Am liebsten hätte ich den Club fluchtartig verlassen. Aber zwischen mir und meinem Zimmer lagen mindestens zehn U-Bahnhöfe, lag eine Stadt im Chaos, in der es keine Straßen mehr gab, nur noch Fronten, die unter farbenfrohem Beschuss standen. In unserer Straße hatte bereits bei unserem Aufbruch angespannte Stimmung geherrscht. In unserer Straße war immer was los, so ist es nicht. Seit ich da wohnte, erkannte ich ein Polizeiauto an dem Geräusch seines Motors.

Als Theo und ich aus der Haustür gekommen waren, hatten sich ein paar Jungs auf beiden Straßenseiten versammelt, schrien sich an und bewarfen sich gegenseitig mit Knallern. Einige von ihnen kannte ich sogar vom Sehen, was mich nicht im Geringsten beruhigte. Ich verstand nicht, was sie sich zuriefen, aber ihre Gesten waren eindeutig und die Wortführer tänzelten auf den Bordsteinen, um zu zeigen, dass das bisschen Straße zwischen ihnen kein Hindernis war. Theo amüsierte so was. Den konnten irgendwelche Chaoten in Partystimmung nicht aus der Ruhe bringen. Aber Theo war eben Theo. Und Theo war nicht mehr bei mir.

Ich zog meinen Mantel aus und verstaute ihn hinter einer der Musikboxen, nachdem ich meinen Haustürschlüssel in die Tasche gesteckt hatte. Mein nächstes Ziel war die Bar. Ich hatte viel Zeit, um Leute zu beobachten, Theo zu entdecken, vielleicht. Aber Theo schien sich in Luft aufgelöst zu haben.

Dafür traf ich auf Robert. Er stand in der Schlange direkt hinter mir. Irgendwann fragte er mich, ob man hier gute Cocktails bekäme. Seine Stimme vermischte sich mit seinem Duft und mit dem rauen Gefühl auf meiner Wange, als unsere Gesichter sich berührten. Ich wusste mit dem Instinkt und dem verzweifelten Mut, den man an Silvesterabenden entwickelt, dass wir uns küssen könnten. Wir beschlossen, die Cocktails in diesem Laden einer ausführlichen Testreihe zu unterziehen.

Robert und ich bestellten zwei Wodka-Orange und belegten eine der frei gewordenen Couches am Rande der Tanzfläche. Dann war ein Riss. Woher Theo plötzlich kam, weiß ich nicht mehr. Nur dass er sich neben mir auf die Couch fallen ließ und ich dachte, der Schwung der Federn würde mich an die Decke befördern. Er beförderte mich lediglich in Roberts Schoß, was bedeutete, dass sich unser Cocktailtest in einem fortgeschrittenen Stadium befunden haben musste. Mein Kopf lag auf seinen warmen Oberschenkeln, wenn ich die Augen öffnete, wurde mir schwindlig. Seine Hand berührte mein Haar, so vorsichtig, dass ich unter seiner Berührung aufweichte wie ein Keks in Kaffee.

Als ich ein kleines Mädchen war und mein Vater mich zum Lachen bringen wollte, tunkte er beim Kaffeetrinken immer einen Butterkeks in seine Tasse, zog ihn heraus und hielt ihn dann so lange in der Waagerechten, bis das feuchte Stück Keks sich langsam bog und schließlich in den Kaffee stürzte.

Nun war ich dieser Keks. Plump und willenlos. Allerdings hatte ich nicht in Koffein gebadet, sondern in einem kühlen, bitteren See aus Wodka und Orangensaft.

Robert und Theo unterhielten sich. Ich kapierte noch, dass sie sich kannten. Ich kapierte sogar noch, dass Robert derjenige gewesen war, mit dem Theo telefoniert hatte, als wir in der U-Bahn gestanden hatten. Ich fühlte, wie mein Kopf immer schwerer wog, je länger ich Theos Stimme hörte. Die Gewissheit, dass ich einem Freund von Theo in den Schoß gefallen war, machte mich schläfrig. Am Ende war ich in einem fernen Land, mein Haar das Einzige, was mich noch mit Robert verband und mit Theo und mit der Couch, in deren Polster ich irgendwie festzustecken schien. Dann war wieder ein Riss. Es war der Riss zwischen gestern und jetzt und ich sah die Verbindung nicht, immer nur die leere Sektflasche, die alles und nichts erklärte.

Es ist nicht schön, wenn einem jemand beim Kotzen zuhört. Aber im Fall von Theo war es mir fast egal. Als ich erschöpft aus dem Bad taumelte wie ein Häufchen Elend, stand er mit einer Kanne Kaffee im Flur und grinste mich an.

Wenn er mir jetzt ein gesundes neues Jahr wünscht, dachte ich, trete ich ihm in die Eier.

Anetschka hat von ihrem Freund zum Einjährigen eine Halskette bekommen. Die trug sie zwei Tage und dann hat sie sie vernichtet. Vorher hat sie alle Erinnerungen an ihren Freund vernichtet, mit Babuljas Kirschschnaps. In der Flasche schwammen immer auch ein paar Kirschen herum, die gab es aber nur sonntags, auf den Ananastörtchen.

Ohne Törtchen taugt das Zeug nur zum Desinfizieren, sagte mein Vater. Meine große Schwester wollte also ihr Herz desinfizieren.

Sie hat mich aufs Klo gezerrt, die Tür abgeschlossen und den Klodeckel angestarrt. Bestimmt zehn Minuten lang. Das Ding wurde immer weißer unter ihrem Starren und ich wusste nicht, was ich sagen sollte. Ich war ja erst zwölf. Irgendwann habe ich den Klodeckel aufgemacht und mich draufgesetzt, weil ich mal musste. Dann hat Anna geweint. Vielleicht fand sie mich taktlos.

Was ich mich danach oft gefragt habe – ob sie von Anfang an geplant hatte, die Kette ins Klo zu schmeißen, oder nur mit dem Gedanken spielen wollte, es zu tun. Diese blöde Kette war ja nicht mal aus echtem Silber.

»Findest du mich schön?«, hat Anna plötzlich gefragt.

Ich fand sie immer schön. Sogar nach einer halben Flasche Schnaps und zweimal Kotzen fand ich sie schön. Meine Anetschka. »Ja, sehr sogar«, habe ich gesagt. Dann ging die Spülung. Und danach hat sie gar nicht mehr aufgehört zu weinen.

Das neue Jahr gab sich nicht besonders viel Mühe, mir zu gefallen. Der Schnee schmolz auf den Gehsteigen, die trüben Rinnsale rissen aufgeweichte Raketen mit sich und verstopften die Gullys. Der kurze Weg von meinem Zimmer bis zur S-Bahn genügte, um mich zu deprimieren.

Ich kam mir vor wie unter Wasser. Ein feiner Nieselregen tauchte die Stadt in Nebel. Nichts hatte eine richtige Farbe. Nur die Regenschirme der Leute leuchteten grell und unwirklich und trieben durch die Straßen wie Quallen in einer Strömung, die man nicht sieht, nur spürt.

Meine Hosenbeine sogen sich mit Wasser voll und schleiften über den Asphalt. Gerade als ich die rutschigen Stufen zur S-Bahn hinunterbalancierte, bekam ich eine SMS von Hannah.

Du schaffst das! Werde ein paar Zaubersprüche für dich murmeln.

Kussi, deine Hexenschwester.

Hannah war meine beste Freundin. Wenn es sie nicht gegeben hätte, wäre ich vermutlich nicht in Berlin gelandet, sondern säße immer noch bei meinen Eltern, würde sauer aufs Leben sein, Schokolade in mich hineinstopfen und meiner ersten großen Liebe hinterhertrauern. Moritz, dieser Blindgänger. Das Tollste an ihm war seine Katze.

Hannah hatte das größte Opfer gebracht, das man von seiner besten Freundin erwarten kann. Sie ermutigte mich dazu, von zu Hause wegzuziehen, was auch hieß: weg von ihr. 597 Kilometer weit weg, um genau zu sein. An einem Tag wie diesem waren das 597 Kilometer zu viel.

Ich weiß nicht, wie mein Soziologie-Professor Alexander Borchardt auf die Idee gekommen war, ausgerechnet Mimi und mich am 3. Januar, am ersten Tag Uni im neuen Jahr, ein Referat halten zu lassen: »Der sozialhistorische Prozess der Verstädterung«. Du meine Güte. Wahrscheinlich war sowieso die Hälfte der Kursteilnehmer nicht anwesend. Die reinste Schikane.

Borchardt hasste Studenten. Nicht den Studenten an sich, jeden einzelnen persönlich – das wäre ja auch absurd, denn schließlich verdankte er Geschöpfen wie mir seine Existenz. Doch sobald Studenten in Masse auftauchten, was sie an einer Universität naturgemäß taten, löste das eine Art allergische Reaktion bei ihm aus. Wenn Borchardt einen vollen Seminarraum betrat, war ihm anzusehen, dass diese vielen jungen Menschen, diese vielen Körper ihn anwiderten. Es bildeten sich binnen Sekunden Schweißperlen auf seiner Stirn, die eine unangenehme Duftmischung aus Haargel und Old Spice verströmten.

Mimi ist übrigens der einzige Mensch, den ich kenne, der Zucker in seinen Kakao tut. »Ist gut für die Nerven«, sagte sie, als wir vor dem Seminarraum herumlungerten und sie meinen angewiderten Gesichtsausdruck bemerkte.

Abgesehen von unserem Studienfach und unserer Vorliebe für Kakao hatten Mimi und ich nicht viel gemeinsam. Nach der Uni sahen wir uns nie. Nicht mal zu einem Treffen für unser Referat hatten wir uns durchringen können. So haben wir uns das natürlich nie gesagt, aber wir erfanden die tollsten Ausreden, um eine persönliche Begegnung zu verhindern. In kürzester Zeit hatte ich Magen-Darm-Grippe, Blasenentzündung und meine Tage. Es sind die besten Ausreden der Welt. Zu jeder Jahreszeit möglich und so delikat bis unappetitlich, dass keiner nachfragt.

Jede Absprache, die wir treffen mussten, wickelten Mimi und ich also per E-Mail ab. Dabei versah Mimi jede ihrer E-Mails mit einem roten Ausrufezeichen. Hohe Dringlichkeit. In meinem Postfach gab es exakt sieben Mails mit hoher Dringlichkeit. Sechs von Mimi und eine von Hannah, die kam, nachdem ich ihr von Mimi und ihren dringlichen Mails erzählt hatte.

Allerdings hätte es mich schon interessiert, wie Mimi, das wandelnde Ausrufezeichen, lebte. Wie sie wohnte. Welche Farbe ihre Wände hatten. Welches Duschgel sie benutzte. Als angehende Sozialwissenschaftlerin muss ich solche Dinge wissen. Sie sagen viel über Menschen aus, mehr als Worte. Nicht mal einer wie Theo ist gegen die unterschwelligen Botschaften gefeit, die ein Duschgel sendet. Sein Duschgel riecht irgendwie grün, nach Urwald.

Was Mimi und ihr Duschgel betraf, siegte bei mir dann doch die Bequemlichkeit. Davon abgesehen konnte ich mir auch so vorstellen, wie es roch: niedlich.

Leute wie Mimi halten es für ein krasses Geständnis, dass

sie ihre Füße hässlich finden oder dass sie sich heimlich das Profil der neuen Freundin ihres Exfreunds auf Facebook angucken. Als seien das echte Abgründe. Mimis haben bei Facebook im Durchschnitt 200 Freunde. Ich glaube, Mimis sind so beliebt, weil es Leute gibt, die ihnen glauben wollen, dass ein krummer Zeh ein Abgrund ist.

An diesem Vormittag im Januar war ich zum ersten Mal aufrichtig froh, dass es sie gab, also Mimi. Sie war süß und harmlos wie Kakao und Borchardt schätzte ihren Augenaufschlag. Sobald Mimi den Raum betrat, mutierte dieser alternde akademische Haifisch für gewöhnlich zu einem Karpfen. Nur schienen an jenem Vormittag leider weder Mimi noch Hannahs Hexenformeln zu wirken. Alexander Borchardt, der Haifisch, wollte sich einfach nicht in einen Karpfen verwandeln. Wie ein Feldwebel stand er neben uns und aus den Augenwinkeln konnte ich beobachten, wie er mit wippenden, polierten Schuhspitzen den Fußbodenbelag malträtierte. Lauernd. Lauernd auf den ersten schiefen, blöden Satz.

Ich klammerte mich an das Stück Papier in meiner Hand, doch die Buchstaben wurden immer kleiner und das Trippeln der Schuhsohle immer lauter und schneller. Ich sah eine Sekunde in das gleißende Licht des Beamers und verlor den Faden, einfach so. Ein Satz war zu Ende und in meinem Mund wollte kein neuer wachsen. Ich glotzte wie gelähmt die Staubflöckchen an, die im Lichtkegel des Beamers eine wirre Formation tanzten. Ich sagte nichts mehr, aber es unterbrach mich auch niemand beim Nichtssagen, nicht mal Borchardt, der inzwischen am Fenster stand, mit dem Rücken zum Raum, und vermutlich längst einen anderen

Erstsemester hinter der Glasscheibe beobachtete und verachtete. Oder er fragte sich, was ein gebildetes Exemplar von einem Menschen in diesem Raum voller unfertiger Halbmenschen verloren hatte.

Ich betrachtete schweigend seinen Rücken und plötzlich erinnerten mich die eckigen Schultern unter dem gepolsterten dunklen Anzug an meinen Vater. Wie oft hatte er genau so am Wohnzimmerfenster gestanden, vollkommen reglos. Mit derselben Haltung hatte er die Beschimpfungen meiner Mutter über sich ergehen lassen, dem Porzellanreiher zuzwinkernd. Ich wusste nicht, aus welchem Winkel mein Gehirn diese Erinnerung zutage förderte. Sie musste mindestens zehn Jahre alt sein.

Erinnerungen verblassen mit der Zeit, heißt es. Ich glaube, das ist ein Irrtum. Erinnerungen werden umso klarer, je mehr Zeit vergeht. Nur dass man irgendwann nicht mehr weiß, wie viel die Erinnerungen noch mit der Wirklichkeit zu tun haben.

Dann hörte ich plötzlich Mimis Stimme. Sie erklarte meinen Teil unseres Vortrags für beendet, schaltete den Beamer ab und begann, Arbeitsblätter auszuteilen. Vor meinen Augen tanzten nun grüne Pünktchen.

Der Haifisch bewegte seine Heckflosse und ruderte langsam in die Mitte des Raumes zurück. Er roch noch den Rest von Blut und setzte ein Grinsen auf.

Eineinhalb Stunden später schlich ich mich aus der Uni, kaufte mir ein Käse-Sandwich, rief Hannah an und schmatzte ihr auf die Mailbox. Auch wenn es bescheuert klingt: Selbst ihre Mailbox-Stimme konnte mir Trost spenden.

In der S-Bahn traf ich Robert – klar, wen denn sonst? Die anderen schätzungsweise 3,4 Millionen Einwohner Berlins wären mir natürlich lieber gewesen, aber ausgerechnet ein schnarchender, vagabundierender Schweizer quetschte sich in allerletzter Sekunde ins Abteil.

Ein Unglück kommt eben selten allein.

»Hallo, Robert.«

»Hallo, Franziska. Wie geht's?«

»Gut, und selbst? Noch in Berlin?«

»Ja, noch bis übermorgen.«

»Aha, cool, sorry, muss aussteigen. Viel Spaß noch in der Hauptstadt.«

»Alles klar. Man sieht sich.«

Ich sprang aus dem Abteil, viel zu früh, aber trotzdem gerade noch rechtzeitig, wie ich fand. Die nächste S-Bahn kam in acht Minuten. Acht Minuten auf einem miefigen Bahnsteig zu stehen empfand ich als mildes Opfer. Ich sah meine S-Bahn mit Robert davonfahren.

Hallo, Franziska.

Ich hatte den Irrtum nicht aufgeklärt, um Robert nicht zu blamieren. Die ersten zwei Buchstaben meines Vornamens hatte er sich ja immerhin gemerkt. Außerdem: Welches Mädchen gibt sich gern in einer vollen S-Bahn die Blöße, dass ein Typ sich nicht an seinen Namen erinnert?

Man sieht sich. Na prima. »Man sieht sich« ist Notwehr. Und fast immer gelogen. Auf meiner Phrasen-Skala rangiert es auf Platz 2. Gleich nach »Lass uns Freunde bleiben«.

Vielleicht bin ich in Liebesdingen ja ein bisschen paranoid. Ich dachte auch mal, das würde irgendwann aufhören.

Dass ich jedes Mal so ausflippe, kaum dass sich ein einziger Schmetterling in meinen Bauch verirrt. Spätestens wenn ich erwachsen bin, dachte ich mal, habe ich das im Griff und treffe vernünftige Entscheidungen. Doch dann denke ich an meine Eltern. Und halte Erwachsenwerden allmählich für ein Gerücht.

Als ich nach Hause kam, war Theo nicht da. Dafür lag auf dem Küchentisch ein Einkaufszettel: Kaffee, Klopapier, Waschmittel.

Toll, das Jahr war noch keine Woche alt und Theo und ich kommunizierten über Zettel. Ich hatte nicht die geringste Ahnung, welche wichtigen Termine Theo vom Einkaufen abhielten, aber ich ging davon aus, dass eine Frau dahintersteckte.

Ich wusste nicht, mit wem Theo seine Zeit verbrachte, geschweige denn seine Nächte. Theo hatte immer irgendein Mädchen, aber er brachte so gut wie nie jemand mit nach Hause und wenn doch, sorgte er dafür, dass ich seine neueste Beute nicht zu Gesicht bekam. Aber riechen konnte man sie immer. Wenn ich früh genug wach wurde und ins Bad ging, lag noch ein Hauch Aloe Vera in der Luft oder Joghurt oder Bambus oder Milch und Seide, und manchmal vergaß eine ihre Haarbürste auf dem Fensterbrett.

Als ich zum ersten Mal bei Moritz übernachten wollte, geriet meine Mutter vollkommen in Panik und ihr fiel nichts Besseres ein, als mir eine Packung Kondome in die Tasche zu stecken – anstatt ein Pausenbrot so wie früher.

Dass meine Brüste anfingen zu wachsen, hat ihr von Anfang an nicht gepasst. »Na, jetzt brauchst du wohl bald ein B-Hächen«, hat sie eines Tages zu mir gesagt und halb belustigt, halb missmutig die kleinen Wölbungen unter meinem T-Shirt inspiziert, als hätte ich irgendeinen komischen Ausschlag. B-Hächen!

Ich schätze, mein Busen stellte für meine Mutter ein nicht kalkulierbares Risiko dar. Sie wusste, dass sie nicht verhindern konnte, dass es eines Tages einen Jungen geben würde, der mir auf die Brüste starrt, und dass ich mich in genau diesen Jungen verlieben würde, dass dieser Junge mich berühren würde, überall, und dann verlassen. Moritz, zum Beispiel.

Manchmal wäre ich gern zu ihr gegangen und hätte ihr erzählt, wie glücklich ich bin. Oder wie traurig. Wie viel Angst ich davor habe, dass er mich berührt, dass er mich vielleicht nicht hübsch genug findet. Aber ich habe genau gespürt, dass sie das gar nicht hören will. Dass sie gar nicht mehr anders kann, als in den Garten zu rennen und Unkraut zu jäten. Soll sie sich doch begraben lassen in der Scheißerde, wie oft habe ich das gedacht. Und dann tat sie mir leid. Sie wollte mich beschützen, ja, ja. Sie wollte nicht, dass mir ein Junge wehtut, weil er mich nicht liebt.

Ich ging in mein Zimmer, warf meine Tasche in die Ecke und zerrte ein paar frische Klamotten aus der Kommode. Dann ging ich ins Bad und stellte mich unter die Dusche. Das Wasser lief mir in heißen Fäden über Schultern und Rücken. Ich hätte Ewigkeiten so dastehen können. In unserer Wohnung war es arschkalt.

In meinem Zimmer stand zwar ein kleiner Kachelofen

und bis der November gekommen war, hatte ich Kachelöfen für eine romantische Erfindung gehalten. Doch da wusste ich noch nicht, wie schwer und schwarz Kohlen in Wirklichkeit sind und wie unromantisch es ist, sie aus dem Keller in den vierten Stock zu schleppen.

Auf Theos Mitleid brauchte ich nicht zu hoffen. Wenn ich schnaufend und schmutzig die Treppen heraufgekrochen kam, sagte er nur, ich hätte keine Kondition und ein bisschen Sport würde mir guttun.

In einer halben Stunde musste ich im *Delirium* sein und Achim, mein Chef, hätte es bestimmt nicht lustig gefunden, wenn ich zu meiner ersten Schicht im neuen Jahr zu spät gekommen wäre. Zumal ich an diesem Tag zum ersten Mal allein hinter der Bar stehen sollte. Ich war ziemlich nervös deswegen, denn sonst hatte mir immer Evi, die gute Seele des Ladens, zur Seite gestanden. Aber Evi war jetzt ganz offiziell schwanger. Sie hatte es mir schon kurz vor Weihnachten erzählt und mich zu absoluter Geheimhaltung verpflichtet. Anhand eines Ultraschallbilds hatte sie mir sogar erklärt, wo die Arme und die Beine sind – und die Schamlippen. Werdende Mütter sind einfach gnadenlos.

Am 28. Dezember standen wir wieder zusammen hinterm Tresen und Evi war wie ausgewechselt. Sie war unfreundlich zu den Gästen und nach ihrer Schicht goss sie sich einen Schnaps ein.

»Das ist nicht gut fürs Baby«, sagte ich vorsichtig.

»Aber gut für die Mutter«, sagte Evi bloß und starrte zur Tür. Dann erzählte sie mir, dass ihr Freund Ralf am Morgen telefonisch mit ihr Schluss gemacht hatte. Er sei noch nicht reif für ein Kind. Ralf war fünfundvierzig, wohlgemerkt. Als Evi ihn daraufhin beschimpfte und ihn an die 700 Euro erinnerte, die er ihr noch schuldete, legte er einfach auf. Für Ralf war die Sache damit erledigt gewesen. Ich glaube, in dem Augenblick, als er den Hörer auflegte, existierte Evi für ihn schon nicht mehr.

Es ist in meinen Augen die brutalste Art, jemandem den Laufpass zu geben. Man legt auf, man drückt ab. Der andere weiß genau: Wenn das Tuten in der Leitung ertönt, ist es vorbei. Herzstillstand.

Ich weiß, wovon ich rede. Keine Ahnung, wie oft Hannah mich nach solchen Telefonaten wiederbeleben musste.

Ich goss aus Mitgefühl einen Schluck Whiskey in meine Cola, hoffte, dass es Achim nicht merkte, und stieß mit Evi auf alles Mögliche an. Auf ihre neue Freiheit, auf die Emanzipation, auf alles, was Ralf in einem möglichst schlechten Licht erscheinen ließ und als den eigentlichen Verlierer der Situation.

Bis zum *Delirium* brauchte ich mit dem Rad normalerweise zehn Minuten. Aber mit Normalität war an einem Tag wie diesem sowieso nicht mehr zu rechnen gewesen. Manche Tage stehen eben unter einem komischen Stern und gegen die Gewalten des Kosmos sollte man sich nicht auflehnen. Erst recht nicht, wenn man im Winter ohne Sturzhelm auf einem schätzungsweise dreißig Jahre alten, klapprigen Diamant-Fahrrad sitzt und sich das Hosenbein in der Kette verhakt.

Der Weg vom Sattel bis in die Pfütze war kurz und schmerzlos. Die Schmerzen kamen erst später. Irgendwie gelang es mir, unter meinem Rad hervorzukriechen und meine klitschnasse Hose aus der Kette zu zerren, wobei allerdings der Stoff riss. So ein Mist! Ich betrachtete stumm meine kaputte Lieblingshose, dann meine aufgeschürften Handflächen, in denen ein paar Steinchen steckten, die jemand gestreut hatte, damit man nicht hinfiel. Ich rieb mir die Steinchen von den Händen und stand hastig auf. Das tat weh. Mein rechtes Knie brannte wie Feuer, meine ganze rechte Körperhälfte ziepte und pulsierte. So musste es sich anfühlen, wenn die Narkose versagt. Meine Oma hatte mir mal erzählt, dass sie das Geräusch der Säge hören konnte, während man ihr ein neues Hüftgelenk einbaute.

Ich blieb einen Moment stehen und ging vorsichtig ein paar Schritte. »Gehen« ist eigentlich das falsche Wort. Es fühlte sich an, als hätte mir jemand Kiesel unter die Kniescheiben gestreut.

Ich schaute mich um und war froh, dass niemand mich beobachtete. Das ist das Gute an Berlin. Du könntest mit dem Kopf unterm Arm durch die Straßen laufen und keiner würde dich komisch angucken.

Ich zog mein Fahrrad aus der Pfütze und schob es den Rest des Weges zum *Delirium*.

»Ich mag mutige Frauen«, sagte der Typ, als ich ihm sein Bier hinstellte, mein Pullover verrutschte, und er die Tätowierung in meinem Dekolleté bemerkte.

Wenn er mir das vor zwei Jahren gesagt hätte, hätte ich mich vermutlich geschmeichelt gefühlt. Inzwischen war mir die winzige grüne, verschwommene Elfe nur noch peinlich.

Ich hoffte jeden Tag, dass sie eines Morgens einfach verschwunden sein würde, aber so wie es aussah, gefiel es ihr über meiner Brust. Na ja, mit nur einem Flügel fliegt es sich auch schlecht davon.

Mein Vater unterschrieb die Einverständniserklärung, wahrscheinlich weil es ja auch nur ein ganz, ganz kleines Bild werden sollte und wahrscheinlich weil er ein schlechtes Gewissen hatte und wahrscheinlich weil er mir an diesem Tag sogar ein Pony gekauft hätte, hätte ich die Vernachlässigte-Tochter-Karte gezogen.

Konnte ja keiner ahnen, dass die Scheißelfe bleiben würde und Moritz nicht. Dafür ziert seine Schulter nun ein flugunfähiger Drache.

Liebe verleiht Flügel? Tja.

»Ich bin nicht mutig, ich zapf dir nur dein Bier«, erklärte ich sachlich und legte ein Original-Evi-Pokerface auf.

»Könntest noch viel mehr für mich zapfen als Bier«, lallte der Typ und leckte sich dabei über die Lippen.

Das war nun wirklich eklig. Und das war erst der Anfang! Es war gerade mal halb acht und ich fragte mich ernsthaft, ob ich auf der Stelle kündigen sollte. Wem wollte ich eigentlich was beweisen?

»Lass mal gut sein«, krächzte ich und machte mir an der Anlage zu schaffen. Am liebsten hätte ich jetzt Janis gespielt, aber »zu so 'ner Hippiemucke verkauft man hier kein Bier«, wie mich Achim eines Abends mit strengem Blick gelehrt hatte.

Es gab doch bestimmt tausend andere Möglichkeiten, um an Geld zu kommen, oder etwa nicht? Als Wörterbuch-

Walking-Act zum Beispiel, wie meine armen Kommilitonen neulich vor der Uni. Warum stand ich in der Vorhölle hinter der Bar?

»Was dagegen, wenn ich ein paar Lieder spiele?«

»Klar ... ich meine ... nein ... spiel nur«, stotterte ich.

Wo eben noch der Typ gesessen hatte, stand nun plötzlich dieses Mädchen mit Gitarre. Seine Ohrringe erkannte ich sofort.

Wenn du liebst,
liebst du nackt,
läufst barfuß über Scherben
und aus Zucker scheint dir alles Glas.

Wenn du liebst,
liebst du immer,
gedeihst auch im Dunkel
und trägst Blüten im Haar
aus nachtblauer Seide.

Wenn du liebst,
liebst du leise,
ohne Absicht, ohne Zweck.
Nur aus einem tiefen Grund.

Ich wischte mir die Gänsehaut aus dem Gesicht und fragte das Mädchen, ob es etwas trinken wolle. Leuten, die gut spielen, darf ich einen ausgeben, hat Achim gesagt.

»Einen schwarzen Tee, bitte«, antwortete sie und nahm an der Theke platz. Ich ließ mir viel Zeit, die Bestellung einzutippen, wechselte auf dem Rückweg zur Bar umständlich die CD in der Anlage und rannte anschließend an einen der Tische, um ein leeres Bierglas abzuräumen. Und alles nur, damit ich nicht mit diesem Mädchen reden musste. Aber es redete mit mir.

»Machst du das schon länger?«

»Seit einem Monat«, erwiderte ich und ließ es wie eine Entschuldigung klingen.

»Und, macht es Spaß?«

In diesem Moment schwang die Tür zur Küche auf, Juliane kam heraus und stellte eine Tasse Tee vor uns ab. Das Mädchen legte die Finger um die Tasse und blies hinein. Dampf stieg auf.

»Na ja, man lernt viele Leute kennen.« Das war irgendeine Antwort. Sie passte auf viele Fragen. Ich hatte also doch etwas von Evi gelernt.

»Ich bin Mila.«

»Du hast eine schöne Stimme«, sagte ich.

»Und wie heißt du?«

»Rike.«

»Du hast schöne Hände.«

»Danke.« Schöne Hände?

»Ein Becks Lemon«, sagte eine Stimme, die zu einem sehr roten Mund gehörte, über dem ein Augenpaar mich dramatisch anblitzte.

Nachdem ich mich nicht sofort in Bewegung gesetzt hatte, beugte sich die schwarzhaarige Frau auch schon über die Bar, als sei Becks Lemon ihr Trinkwasser und ich eine launische Oase.

Ich spürte Milas Augen auf mir, während ich mich umdrehte und den Kühlschrank öffnete, nach einem Becks Lemon Ausschau hielt und Achim für seine Unordnung verfluchte, mein Blick dabei auf meine Hände fiel und ich nicht wollte, dass Mila das bemerkte. Ich spürte ihr Schmunzeln in meinem Rücken, an der Stelle zwischen Schlüsselbein und Hals, das war doch verrückt!

Ich griff nach einer Flasche, die sehr kühl war und glitschig vom Kondenswasser, schloss den Kühlschrank und drehte mich wieder um.

»Das macht drei Euro, bitte«, sagte ich zu der Schwarzhaarigen, ließ die Münzen in mein Portemonnaie fallen und riskierte einen Seitenblick auf Mila.

Sie trank den letzten Schluck Tee und öffnete ihren Gitarrenkoffer. Er war innen mit grünem Samt ausgeschlagen, der ganz makellos und weich war, was ich komisch fand, weil die Gitarre so schäbig aussah. Als gehörten Gitarre und Koffer gar nicht zusammen.

»Machst du das schon länger?«, fragte ich und hoffte, dass Mila die Frage verstand. Die ganze Frage. Durch U-Bahnen wandern, von einer Kneipe zur nächsten ziehen bei Nacht im Winter in Berlin für eine Tasse schwarzen Tee.

»Hey, du kleiner Bandit, ich bezahl dich nicht fürs Rumstehen.«

Oha. Achim.

»Tisch drei verdurstet«, sagte er und ich spürte seine schwere Hand auf meiner Schulter. Er grinste breit und schief, ich spähte durch die Lücke zwischen seinen Schneidezähnen hindurch in ein tiefes, schwarzes Loch. »Sieben Jägermeister, fünf Pils, zwei Cola«, formten seine Lippen, aber plötzlich war der Ton weg. Nur noch die schmale, schwarze Lücke, die mich einsaugte und über der seine fleischige Oberlippe tanzte. Ich duckte mich unter seiner schweren Hand weg. Das Kitzeln im Nacken verriet mir, dass Mila mich immer noch beobachtete.

»Du hast an Silvester in der U-Bahn gespielt«, rief ich ihr zu, als ich die Bestellung abgeliefert hatte.

»Du warst mit deinem Freund unterwegs.«

Sie konnte sich an mich erinnern? Mehr noch schmeichelte mir fast, dass sie Theo für meinen Freund hielt.

»Ihr seid ein schönes Paar.«

»Wir sind kein Paar, er ist nur mein Mitbewohner«, klärte ich das Missverständnis widerwillig auf.

»Hast du keinen Freund?«

Ihre Direktheit verunsicherte mich, genau wie die aufrichtige Verwunderung, die in ihrer Frage mitschwang. Ich schüttelte den Kopf. »Und du?«, spielte ich den Ball zurück.

Mila schüttelte den Kopf. »Du solltest dich nicht so herumkommandieren lassen«, sagte sie dann und sah zu Achim hinüber, der am anderen Ende der Theke stand und uns keine Sekunde aus den Augen ließ. Aber die Musik war laut genug, dass er uns nicht hören konnte.

»Er meint es nicht so.«

»So geht man nicht mit Frauen um«, sagte Mila, während sie ihre Gitarre behutsam in den weichen grünen Bauch des Koffers legte.

»So ist er zu jedem«, erwiderte ich schulterzuckend.

»Man sollte sich nicht an die falschen Dinge gewöhnen«, sagte Mila und ließ die Verschlüsse des Koffers zuschnappen. Mit jedem Satz schien sie um Jahre zu altern, dabei war sie doch höchstens so alt wie ich.

»Noch eine Minute und du bist gefeuert«, zischte Achim, der plötzlich neben mir stand, und starrte mir tief in die Augen.

»Vielleicht könntest du ja mal hier auftreten, so richtig, meine ich«, sagte ich halb zu Mila, halb zu Achim, und sah Achim unsicher an. Der würdigte Mila keines Blickes und verschwand ohne eine Antwort in der Küche.

»Am Samstag ist Jamsession in der *Katze*«, sagte Mila. »Wenn du Lust hast.«

Von der *Katze* hatte ich schon mal gehört.

»Gute Stimmung, nette Leute«, fügte Mila hinzu. Ich starrte auf die Schwingtür zur Küche. »Also kommst du?«, hörte ich sie fragen.

Als ich ihr antworten wollte, war sie schon an der Tür, den Gitarrenkoffer auf dem Rücken.

Sie drehte sich kurz um, zuckte mit den Schultern und verschwand.

Es gibt kein Zurück. Auch wenn es Mamotschka das Herz bricht. »Duscha moja, duscha moja«, *wird sie sagen und sich die Seele aus dem Leib weinen, wie immer, wenn sie eine ihrer Töchter verliert. Und jetzt auch noch ihre jüngste!*

Meine Seele ist schon fort. Jedenfalls kann ich sie nirgends finden. Nicht in meinem Gesicht, nicht in meiner Stimme und nicht in den Fingerspitzen, die die Saiten berühren. Ich bin so unlebendig wie der Holzkörper meiner Gitarre. Genauso tot und zerkratzt von Momenten des Glücks.

Serjoscha, kleine Sonne, warum hast du mir das angetan?

Nach dem obligatorischen Samstagstelefonat mit meiner Mutter brauchte ich dringend eine Stärkung. Nichts ahnend suchte ich im Kühlschrank nach etwas Essbarem zum Abendbrot, da sah ich das Stück Käse. Es war bereits von einem silbergrauen Heiligenschein umgeben und lag in meinem Fach. Mit spitzen Fingern fischte ich es aus dem Kühlschrank und hielt es Theo, der am Küchentisch saß, unter die Nase. Theo ließ sich nicht beirren und biss genüsslich in sein Leberwurstbrot.

»Was macht dein Ekelkäse zwischen meinem Salat?«

»Hast du nichts Besseres zu tun?«, fragte er kauend und warf einen flüchtigen Blick auf den gammligen Käse in meiner Hand.

»Du anscheinend schon«, erwiderte ich und schleuderte den Käse auf seinen Teller.

»Sag mal, hast du deine Tage oder so?« Theo schob den Käse an den Tellerrand und widmete sich wieder seinem Leberwurstbrot.

»Ich verstehe nur nicht, warum es so ein Riesenproblem für dich ist, mit mir in die *Katze* zu gehen. Alleine will ich nicht dahin.«

»Und ich verstehe nicht, warum du mir wegen dieser Nina so auf die Nerven gehst.«

»Mila.«

»Mila, Nina, Ina, ist doch egal. Was schert dich irgend so eine trällernde Hippiebraut?« Theo schnappte sich den Käse, stand auf und ging zum Mülleimer. Er ließ den Deckel aufspringen. »Der Mülleimer ist voll.«

Ich stapfte wortlos aus der Küche und ging in mein Zimmer. Es verschlug mir den Atem, so kalt war es da drin.

»Scheißofen«, beschimpfte ich den Ofen.

Ich zerrte die bunt geflickte Tagesdecke von meinem Hochbett, ging zum Schreibtisch, zog die oberste Schublade auf und biss dem Schokoladenweihnachtsmann in den großen Zeh. Dann wickelte ich mich in die Decke und legte mich in meine Hängematte. Ich schaukelte ein bisschen hin und her und starrte aus dem Fenster. Am liebsten hätte ich auf der Stelle Hannah angerufen, aber die Chancen standen schlecht, dass sie an einem Samstagabend an ihr Handy ging. Vermutlich hätte sie es vor lauter Lärm sowieso nicht gehört. Überhaupt kam es mir plötzlich so vor, als hätte ich in den letzten Wochen öfter mit ihrer Mailbox geredet als mit ihr. Vielleicht wich sie mir aus. Vielleicht fand sie es ja insgeheim doch ein bisschen ungerecht, dass ich in Berlin war, während sie immer noch in unserem Kaff rumhing, wo sie wahrscheinlich gerade Mordsspaß ohne mich hatte. Hannah hatte echt keine Ahnung, wie kacke es hier sein konnte ohne beste Freundin.

Nach einer Weile angelte ich nach der Zeitschrift, die unter mir auf dem Boden lag. Es musste doch möglich sein, heute Abend noch etwas zu unternehmen! Im Kino lief nur Schrott. Aber vielleicht spielte ja irgendwo eine nette Band?

Mädchen, die allein losziehen, sind entweder verzweifelt oder hässlich oder beides, sagt Theo. Aber Theo sagt viel, wenn der Tag lang ist. An seine bescheuerten Regeln wollte ich mich jedenfalls nicht mehr halten. Doch in die *Katze* traute ich mich trotzdem nicht ohne ihn. Was, wenn Mila gar nicht da war?

Im *Hans im Glück* spielte eine wenig vielversprechende Band namens »Exfreundin«, im *Schlechten Versteck* war Bad-Taste-Party, außerdem hätte ich zwischen zahlreichen Ü-30- und Ü-40-Partys wählen können.

Ich schleuderte die Zeitschrift in die Ecke und schaute wieder aus dem Fenster. Im Haus gegenüber waren alle Fenster dunkel bis auf eines. Da stand ein Pärchen wie bestellt in einer sehr weißen Küche, lehnte an einem sehr weißen Schrank und knutschte. Er fuhr ihr mit der Hand unter das Shirt und sie zog es sich über den Kopf. Sie trug kein B-Hachen.

Ich fragte mich, ob an diesem Freitag eigentlich alle glücklich waren außer mir.

»Rike?«

Ich hatte Theo nicht hereinkommen hören. Ich sah zur Tür. Das Licht aus dem Flur blendete mich.

»Was?«

»Hab's mir überlegt.«

»Was?«

»Lass uns Nina besuchen gehen.«

»Mila.«

»War'n Witz.«

»Haha.«

Theo rührte sich nicht vom Fleck.

»Hast du den Müll runtergebracht?«, fragte ich und Theo nickte.

»Frieden?«, fragte er.

Frieden.

An diesem Abend hätte ich Theo mit geschlossenen Augen gefunden. Eine Überdosis Urwald klebte mir in der Nase – erst im Treppenhaus, dann in der S-Bahn, dann in der U-Bahn, dann in der *Katze*. Theo würdigte den Laden und die Leute, die da saßen, keines Blickes und ging direkt zur Bar. Ich war mir nicht sicher, ob er öfter dort war, aber wahrscheinlich schon. Die *Katze* war klein und dunkel, ein verwinkeltes, schäbiges Gehäuse, und an den unverputzten Wänden hingen nackte Glühbirnen, die schwarz angemalt waren. Sonst nichts. Vermutlich sollten die Wände nicht von den Leuten ablenken. Die saßen im Schummerlicht um kleine niedrige Tische gedrängt, sahen alle sehr schön aus und sehr in Gespräche vertieft. In meinen Ohren verschwamm alles zu einem Brei aus Geräuschen. Ich sah kurz zu Theo, der die schwarzen Augen der Frau hinter der Bar gerade zum Leuchten gebracht hatte. Was Evi wohl dazu sagen würde? Strahlend stellte das Mädchen Theo ein großes Bier auf den Tresen und zapfte ein zweites. Meins.

Vor mir lag ein schmaler Gang hinter einem Vorhang, der zur Seite geschlagen war. Am anderen Ende schimmerte ein dunkelrotes Licht. Dieser Gang schien ins Herz der *Katze* zu führen. Dort würde ich Mila finden, das wusste ich. Und dann spürte ich auch schon den Klang einer tiefen Gitarrensaite in meinem Bauch.

In diesem Moment drückte mir Theo ein kaltes Glas in die Hand, ich sagte Danke und tappte ihm hinterher ins Herz der *Katze*. Theos Geruch passte nicht zu diesem Ort.

Am Ende des Gangs sah ich erst den Hals einer Gitarre und dann ein blondes Mädchen mit einer riesigen weißen Fellmütze auf dem Kopf. Sie trug einen beigefarbenen Seidenblazer und der Pony fiel ihr über die Augen, sodass von ihrem Gesicht kaum etwas zu erkennen war außer den schmalen, dunkelroten Lippen, die sich hin und wieder zu einem Lächeln verzogen. Vielleicht verzogen sie sich auch vor Schmerz beim Griff in die feineren Stahlsaiten, ich konnte das nicht deuten. Mit Sicherheit wusste ich nur, dass dieses Mädchen nicht Mila war und dass Mila auch sonst nirgendwo in dieser Kneipe war.

Theo schaute mich fragend an, aber ich schüttelte nur den Kopf. Dann wanderte mein Blick wieder zu dieser gigantischen Fellmütze, deren flauschige Spitzen sich im Licht des Scheinwerfers rhythmisch wiegten. Ich spürte, wie Theo mir einen sanften Schubs versetzte und mich weiterschob. Wir suchten uns ein freies Plätzchen, stellten unsere Gläser ab und zogen unsere Jacken aus, was mir gefiel, denn es bedeutete, dass wir gemeinsam auf Mila warten würden – oder zumindest, bis Theo sein Bier ausgetrunken hatte.

Das Mädchen mit der Fellmütze zupfte unermüdlich eine eher expressionistische Melodie und es machte Spaß, ihr dabei zuzusehen. Ihr ausgeprägtes Minenspiel verriet, dass zumindest sie die Logik ihres Songs durchschaute, und ihre flinken Finger wussten offenbar auch ganz genau, was sie taten.

»Also wenn die Mütze nicht wär«, hörte ich da Theos Stimme warm an meinem Ohr.

Ich seufzte leise, griff nach meinem Bierglas und prostete Theo zu. »Auf die Mütze«, sagte ich grinsend.

Theo grinste zurück, bewegte sein Glas jedoch keinen Millimeter auf meines zu. Dann schaute er weg und trank, ohne mit mir anzustoßen. Ich glaube, ein Trinkspruch für Theo und mich muss noch erfunden werden.

Ein schmaler Typ in Trainingsjacke schleppte ein Cajón an uns vorbei und kletterte zu dem Mädchen auf die Bühne. Er stellte die Trommel ab, setzte sich darauf und blinzelte im Licht des Scheinwerfers. Seine Hand hob sich zum Gruß, zwei Mädchen im Publikum jubelten und klatschten. Dann schaute der Junge das Mädchen mit der Fellmütze an. Sie schaute zurück und wischte sich mit einer schnellen Handbewegung den Pony aus dem Gesicht, sodass ich zum ersten Mal ihre Augen sehen konnte. Eisbärenmädchenblau. Doch sofort flogen ihre Finger zurück an die Saiten und der Pony wieder über die Augen, ihre roten Lippen bogen sich zu einem Lächeln und da begannen die Hände des Jungen auch schon über die Holzkiste zu tanzen. Erst leise, dann lauter. Die beiden verstanden sich blind, so viel stand fest. Theo hatte unterdessen sein Handy gezückt und tippte eifrig eine Nachricht. Vermutlich lotete er schon seine nächste Verabredung für diesen Abend aus. Eine ohne Fellmütze.

Da umspielte plötzlich ein kühler Luftzug meine Arme,

dann fühlte ich eine kalte Hand auf meiner Schulter. Ich drehte mich um und schaute in ein strahlendes Gesicht. Mila.

»Da bist du ja«, hörte ich sie sagen und ihr Atem roch nach Pfefferminze.

»Mila!«, rief ich.

In ihrer weinroten Wollmütze glitzerten winzige Schneeflocken. Es schneite also schon wieder.

Ehe ich Gelegenheit hatte, noch etwas zu ihr zu sagen, war Mila an mir vorbeigelaufen und zog eine kühle Pfefferminzwolke hinter sich her. Verdattert schaute ich ihr nach. Auf dem Rücken trug sie einen Rucksack, an dem ein paar dunkelblaue Schuhe baumelten, und über der Schulter hing ihr Gitarrenkoffer. Von hinten sah sie aus wie ein kleines Mädchen mit einem viel zu großen Schulranzen. Sie ging zur Bühne und wurde auf dem kurzen Weg dorthin von einigen Leuten begrüßt. Mila warf ein paar Worte hierhin und dorthin, stellte behutsam ihren Koffer am Bühnenrand ab, zog sich die Mütze vom Kopf und schüttelte ihr langes schwarzes Haar. Dann schälte sie sich aus ihrem grünen dicken Parka. Darunter trug sie ein schwarzes kurzes Kleid und hohe schwarze Stiefel. Schon scharten sich ein paar Leute um sie und versperrten mir die Sicht.

»Mila Superstar?«, fragte Theo in diesem Augenblick und ließ sein Handy in der Hosentasche verschwinden.

»Ja«, sagte ich und schaute ihn erwartungsvoll an. Ich rechnete fest mit einer weiteren Mützenbemerkung, doch sie blieb aus. Hatte es dem großen Theo etwa die Sprache verschlagen?

So richtig glauben konnte ich das nicht. Mila gehörte nicht unbedingt zu der Sorte Mädchen, bei der ein Theo nach Luft schnappte. Woher ich das wusste, obwohl ich noch nie eines der Mädchen gesehen hatte, die Theo sonst so an- und abschleppte? Keine Ahnung. Aber Mila war weder Bambus noch Aloe Vera noch Milch und Seide. Schnee und Minze vielleicht. Überhaupt war Mila kein Mädchen, dessen Duft bis zum Morgen blieb. Woher ich das wusste? Keine Ahnung.

Um jedes wahre Wort lässt du mich betteln. Wie lange soll das noch so gehen? Ich weiß doch längst, dass du nicht kommen wirst. Überallhin willst du mir folgen, hast du gesagt. Vielleicht ist Überallhin doch ein bisschen zu weit. Meine Stimme ist dein Segel, hast du gesagt. Aber was nützt ein Segel unter Wasser? Unter Wasser kann ich nicht für dich singen. Ich bin doch kein Wal.

Du hast mich angelogen, als du gesagt hast, wir hätten dieselben Träume. Ich glaube, du träumst schon lang nicht mehr.

Serjoscha, kleine Sonne, wann bist du untergegangen?

Ich fliege Überallhin.

Feigling.

Das Eisbärenmädchen ließ den letzten Akkord verklingen und verbeugte sich, während der Junge weitertrommelte. Die Fellmütze verrutschte keinen Millimeter. Das Mädchen darunter bedankte sich auf Englisch mit französischem Akzent bei uns für unser Kommen und bei Mutter Erde fürs Dasein im Allgemeinen, was ich ziemlich strange fand, aber was wusste ich schon. Vielleicht würde mein Kopf auf ähnliche Gedanken kommen, wenn ich ihm nur die richtige Mütze aufsetzte. Dann dankte sie mit einer weiteren Verbeugung dem Jungen auf dem Cajón, der mit einem Trommelwirbel parierte. Er sprang auf, hob kurz die Hand und kletterte von der Bühne. Die Leute klatschten und erst jetzt fiel mir auf, wie voll es inzwischen geworden war. Das Eisbärenmädchen zog ein weißes, geringeltes Kabel aus ihrer Gitarre und warf uns einen Luftkuss zu. Dann stieg sie von der Bühne, sehr graziös tat sie das, und im selben Augenblick sah ich Mila auf der anderen Seite die Bühne betreten. Mila-graziös. Ein Lächeln huschte mir übers Gesicht.

Mila trat vors Mikrofon, blinzelte gegen den Scheinwerfer an und senkte den Kopf. Stand ganz still da in Schwarz. Das Gemurmel verebbte. Sie schaute kurz auf und lächelte.

Wie aufs Stichwort begannen die Leute zu jubeln. Mein Herz schlug schneller. Vielleicht konnte dieses Mädchen Städte zähmen.

»Guten Abend«, sagte Mila, wischte sich mit der Hand über den Mund und begann zu singen.

Meine Janis.

Solnyschko

Die Nacht ist ein schönes Kleid.
Dein Kuss malt meine Lippen rot.
Rot steht mir gut.
Heute trage ich Mond im Haar.
Mond steht mir gut.
So muss es für immer sein.
Solange du bist, bin ich schön.

Deine Worte sind Lieder.
Hör nicht auf zu sprechen.
Wenn du schweigst, bin ich taub.

Niemand verstand hier Russisch, aber das war auch gar nicht nötig. Milas Lieder sprachen eine eigene Sprache. Eine, die nicht aus Silben und Wörtern und Sätzen, sondern aus Harmonien, Bildern und Bewegungen bestand. Nicht nur ihre Stimme – Milas ganzer Körper sprach zu uns: ihr dünner, sehniger Arm, der die Saiten schlug, ihre geschlossenen Lider, die unaufhörlich zuckten, ihre schmalen Schultern, die sich unter der Last der Melodien bogen, die schwarze Stiefelspitze, die unberührt von alledem den Takt klopfte. In ein wundersames Instrument schien sich Mila vor unseren Augen zu verwandeln. Und plötzlich stellte ich mir vor, dass dieses Mädchen sich vielleicht auch hin und wieder nach einer Höhle aus grünem, weichem Samt sehnte, in der es sich ausruhen konnte.

Vor lauter Begeisterung und Herzklopfen hatte ich Theo ganz vergessen. Als er mir wieder einfiel und ich mich umdrehte, stand er immer noch hinter mir. Ich war überrascht. Seit Mila die Bühne betreten hatte, schien eine Ewigkeit vergangen zu sein. Mila hatte Theo also auch in ihren Bann gezogen. Ich war stolz – stolz, dass ich ihn überredet hatte, mit mir hierherzukommen.

Nur leider begann Mila in diesem Augenblick, sich zu verabschieden.

»Wir sehen uns wieder, wenn ihr wollt.« Mila machte einen Knicks, der nicht zu ihren Stiefeln passte. »Und wenn ich will.« Sie grinste. »Und wenn Werner will.« Mila grinste wieder und streckte uns eine gerissene Saite entgegen. Bis eben hatte ich nicht mal bemerkt, dass sie – seit wann auch immer – nur auf fünf Saiten gespielt hatte. Milas Gitarre hatte einen Namen? Ihre Gitarre hieß Werner? Die Leute lachten und applaudierten. Ich klatschte mit und ich glaube, sogar Theo hat geklatscht. Aber es nützte nichts. Mila verbeugte sich und lächelte. »Ich wünsche euch einen Abend voller Wunder.«

Mila guckte noch einmal mitten hinein in den roten Scheinwerfer, so als wollte sie ein letztes Mal tief Luft holen, bevor sie untertauchte. Dann nahm sie Werner und war in wenigen Sekunden im Gewühl verschwunden. Ein paar Jungs betraten schnurstracks die Bühne und improvisierten a cappella über den anhaltenden Applaus für Mila hinweg »Ain't no sunshine when she's gone«. Ein schönes Kompliment.

Ich klatschte noch ein bisschen weiter, bis mir die Hände wehtaten. Da hörte ich Theo sagen: »Ich hol mir mal ein Autogramm von Mila Superstar.«

Ich drehte mich um und dachte, das wäre wieder einer seiner Scherze, aber da lief Theo auch schon los. Richtung Bar? Nein. Richtung Bühne. Und weg war er. Genau wie an Silvester. Kacke.

Eigentlich hätte ich mich nie getraut, zur Bühne zu gehen,

wenn ich nicht gewusst hätte, dass ich wahrscheinlich meinen Mitbewohner dort treffen würde. Natürlich hätte ich Mila gern noch einmal ausführlich Hallo gesagt, aber komischerweise schien sie für mich vollkommen unerreichbar, sobald sie aufhörte zu singen.

Bestimmt kannte sie die Hälfte der Leute in der *Katze* und vor allem kannte diese Hälfte Mila. Welchen Grund hätte dieses tolle Mädchen also haben sollen, sich ausgerechnet mit mir zu unterhalten? Und was hätte ich auch sagen sollen, wenn ich endlich an der Reihe gewesen wäre? Außer den Dingen, die sie ohnehin jeden Abend hörte? *Du machst schöne Musik. Du hast eine tolle Stimme. Deine Gitarre heißt Werner?* Zu Mila musste man irgendwas Wichtiges sagen.

»Schwarz?«

Ja, genau. Nach diesem Wort hatte ich gesucht. Und Theo hatte es gefunden.

Mila saß am Rand der Bühne, die Beine übereinandergeschlagen, guckte ihn an und nickte.

Theo lief los und stieß mit mir zusammen.

»Auch 'n Tee?«, war das Einzige, was er zu mir sagte, und ich schüttelte bloß den Kopf. Rhetorische Fragen beantworte ich am liebsten.

Theo verschwand und ich schaute Mila an. Mila schaute zurück und lächelte kurz. Dann schaute sie weg, strich ihrer Gitarre über die gerissene Saite und legte sie vorsichtig in den Koffer. Ich war mir nicht sicher, ob ich Mila und Werner in ihrer trauten Zweisamkeit stören durfte, aber dann saß ich schon auf dem Bühnenrand.

»Na, du Schöne, was macht ihr zwei heute noch?«, sagte Mila, ohne den Blick von ihrer Gitarre abzuwenden.

Für einen Moment dachte ich ernsthaft, sie würde mit Werner reden, doch dann klappte sie den Koffer zu, ließ die Verschlüsse zuschnappen und sah mich an.

»Ich ... wir ... ich hab keine Ahnung«, sagte ich. »Und du?«

»Für heute habe ich wohl frei«, erwiderte Mila eher geknickt als erleichtert. »Ich habe vergessen, neue Saiten einzupacken. So ein Mist. Dabei habe ich mich gerade erst warmgespielt. Das wäre ein guter Abend geworden.«

Keine Ahnung, was Mila unter einem guten Abend verstand. Einen Raum voller wildfremder, plappernder Menschen in Staunen zu versetzen, genügte ihr offenbar nicht. An Milas Stelle wäre mein Glück vollkommen gewesen. Mila schüttelte einem Mädchen gedankenverloren die Hand.

»Bleib doch noch ein bisschen«, sagte ich.

Mila nickte. »Ja. Auf einen Tee.« Und da kam Theo auch schon zurück. Mit Tee. Dieser Anblick war irgendwie neu für mich. Ich hoffte inständig, dass er sich nicht neben Mila setzen würde, sondern neben mich.

Er reichte Mila ihre Tasse und setzte sich neben sie. »Machst du Ferien in Berlin oder so?«, fragte er.

»Ich bin Musikerin«, sagte Mila. »Eigentlich bin ich hier, um zu arbeiten.«

Ich sah Theo an, dass er unter Arbeit etwas anderes verstand, als nachts singend durch Kreuzberg zu tingeln. Und ehrlich gesagt – ich auch.

»Und wo kommst du her?«, fragte Theo weiter.

»Aus Russland.«

Theo nickte.

»Aus Rostow. Rostow am Don.«

Weder Theo noch ich hatten je von dieser Stadt gehört.

»Das liegt im Süden von Russland«, erklärte Mila. »Am Don. Das ist ein Fluss.«

Theo nickte. »Seit wann bist du denn in Berlin?«

»Seit ungefähr zwei Monaten.«

»Und was hat dich hierher verschlagen?«, fragte Theo weiter all die Fragen, die ich Mila auch gern gefragt hätte.

»Hallo, ist das ein Verhör oder so?« Mila schüttelte den Kopf und pustete in ihren Tee. Als sie dann in Theos verdutztes Gesicht schaute, lachte sie versöhnlich. »Ich war letztes Jahr im Sommer auf einem Festival in Ungarn. Dort habe ich ein paar Leute aus Berlin getroffen. Schauspieler und Musiker. Sie haben mir von der Stadt vorgeschwärmt und dann haben sie vorgeschlagen, dass ich bei einem Theaterstück mitmachen könnte, das sie mit ihrem Verein gerade auf die Beine stellen. Als Sängerin. Und dann hat der Verein mich eingeladen.«

»Und jetzt wohnst du bei denen?«, fragte ich schnell.

»Ja.« Mila lächelte mich an. »Sie hatten ein Zimmer in ihrer WG frei, da kann ich umsonst wohnen. Sonst hätte ich mir das nie im Leben leisten können. Das war Schicksal, schätze ich.«

»Glaubst du an so was? An Schicksal?«, platzte ich heraus und sah, wie Theo hinter Mila die Augen verdrehte.

»Na klar«, sagte Mila prompt. »Oder glaubst du etwa, dass das hier alles bloß Zufall ist? Das wäre doch langweilig.«

»Lasst mich raten, als Nächstes reden wir über unsere Sternzeichen«, meldete sich Theo zu Wort und prostete uns zu.

Ja, genau, dachte ich. Und du, lieber Theo, wurdest im Sternzeichen Gorilla geboren.

»Das wäre auch langweilig«, sagte Mila ruhig und Theo wischte sich theatralisch erleichtert über die Stirn. »Hier weiß doch jeder, dass du Skorpion bist.«

Tja, nun hatte Theo wirklich allen Grund, sich zu fürchten.

Eigentlich kenne ich mich mit Sternzeichen nicht gut aus, außer bei den Leuten, die am 31. Oktober Geburtstag haben. Also am selben Tag wie meine beste Freundin Hannah. Also am selben Tag wie Theo. Hannah ist Skorpion aus Überzeugung und der festen Meinung, dass ihr Traummann unbedingt Fisch sein müsse, weil Fische und Skorpione sich so prima ausgleichen. Ich halte nicht besonders viel von dieser Idee – beim Thema Fische bin ich eben einfach befangen.

Ich hätte gern Erstaunen in Theos Gesicht gesehen, aber diese Blöße gab er sich nicht.

»Respekt«, verkündete er sachlich. »Du hast 'ne Menge Talente, wie mir scheint.«

»Ja«, sagte Mila und blies wieder in ihre Tasse. Dabei hätte ich so gern gewusst, ob sie auch mein Sternzeichen erraten konnte.

»Wie sieht's aus, wollen wir noch 'n bisschen rumziehen?«, fragte Theo. »Oder lieber noch 'nen Tee?«

»Danke, ich werde jetzt nach Hause gehen«, sagte Mila

höflich, aber bestimmt. Für Kneipentouren habe ich kein Geld.«

»Ich lad dich ein«, sagte Theo sofort.

»Selbst verdienter Wein schmeckt besser«, antwortete Mila und stand auf. »Danke für den Tee.«

Ich konnte mir ein Grinsen nicht verkneifen, auch wenn ich es schade fand, dass Mila so plötzlich gehen wollte. Da fing sie auch schon an, neben der Bühne nach ihren Sachen zu kramen, und zog sich ihren Parka über. Sofort kam ein Typ auf sie zu und redete auf sie ein. Bestimmt noch ein Groupie. Ich hörte nicht, was er zu ihr sagte, ich sah nur, wie Mila in Zeitlupe ihre weinrote, schneeflockenlose Wollmütze aufsetzte und sich den Gitarrenkoffer über die Schulter warf. Theo zuckte nur mit den Schultern und stand auf. Als er an Mila vorbeiging, legte er ihr eine Hand auf die Schulter und sagte ihr etwas ins Ohr. Dann ging er in Richtung Bar. Ich hätte zu gern gewusst, was er zu ihr gesagt hatte! Erstaunlich genug, dass er nach dieser Abfuhr auch nur eine Silbe für Mila übrig hatte. Was für eine komische Nacht. Auch Milas Fan konnte Mila offensichtlich nicht dazu bewegen, ihre Mütze wieder abzusetzen, und verabschiedete sich. Da drehte sich Mila noch einmal um und kam auf mich zu. Sie beugte sich zu mir herunter und hüllte mich ein in eine schwach duftende Wolke aus Pfefferminz.

»Morgen um zwei, Görlitzer Bahnhof?«, fragte sie.

Hatte ich mich verhört? Wollte sich Mila gerade mit mir verabreden?

Als sie mich wartend ansah, nickte ich und wusste im selben Moment, dass Achim mich umbringen würde, wenn ich ihm die Sonntagsschicht so kurzfristig absagte. Aber mit einer Magen-Darm-Grippe war nun mal nicht zu spaßen. Selbst wenn sie frei erfunden war.

Mila lächelte, hob die Hand und wandte sich zum Gehen. Tschüss, Mila. Tschüss, Werner. Ich sah ihr hinterher und musste quietschten vor Freude. Ganz kurz. Ganz leise.

Auf der Bühne hatten sich inzwischen ein paar Jungs zusammengefunden, die genügsam vor sich hin jammten und eine hübsche Geräuschtapete produzierten. Mila wäre als Tapete völlig ungeeignet.

Eigentlich hätte dieser Abend eine gute Gelegenheit sein können, um Theo mal was zu fragen. Immerhin war es der erste Abend seit Silvester, den wir zumindest zeitweise zu zweit verbrachten. Ich guckte ihm eine Weile dabei zu, wie er Nachrichten in sein Handy tippte, und fragte mich, was ich nach über einem Vierteljahr eigentlich wirklich von ihm wusste. Ich wusste, dass er einundzwanzig Jahre alt war, Skorpion, dass er beruflich irgendwas mit Computern machte, vierlagiges Klopapier für eine bescheuerte Erfindung, zweilagiges für eine Zumutung hielt und nach einer durchgemachten Nacht am liebsten Fleischsalatbrötchen mit Spiegelei aß. Ich wusste auch, dass Theo im Grunde seines Herzens kein schlechter Kerl war, und dass er als kleiner Junge mal einen noch kleineren Jungen vorm Ertrinken gerettet hatte. Ich hatte aber keine Lust, mich erst in irgendeinen See stürzen zu müssen, damit er mich beachtete. Außerdem waren jetzt alle Seen zugefroren.

Bereits in der nächsten Sekunde ödete mich Theos Desinteresse an mir zum ersten Mal richtig an. Ich tippte ihm auf die Schulter, er sah von seinem Display auf, ich sagte, dass ich gehe und ging.

Die Tür zur *Katze* fiel hinter mir ins Schloss und ich saugte die eiskalte Nachtluft ein. Vom Himmel schwebten dicke Flocken. Ich streckte die Hand aus und sah ihnen beim Schmelzen zu. Wie leise die Nacht war. Ich schlug den Weg zur U-Bahn ein und stampfte Schlangenlinien in den frischen Schnee.

Vielleicht werde ich im nächsten Leben ein Wal.

Keine Ahnung, wann Theo nach Hause gekommen war, ob er überhaupt schon geschlafen hatte oder mit wem. Fakt war nur, dass der Geruch nach gebratenem Speck und Spiegelei mich gegen Mittag in unsere Küche lockte. Ich hatte am Abend zuvor vergessen, Kohlen zu holen, und das warme Federbett war definitiv der einzig bewohnbare Platz in meinem Zimmer. Also wickelte ich mich kurzerhand in die Bettdecke ein und nahm sie mit in die Küche, wo es bestimmt über null Grad war und köstlich nach Frühstück duftete. Theo stand in T-Shirt und Jogginghose am Herd und war in seine Spiegeleier vertieft. »Spät geworden gestern?«, fragte ich und versuchte, mich in dem ausladenden Gänsedaunenkleid meiner Oma auf einen unserer Küchenstühle zu setzen, ohne das gebrechliche Ding unter meinem Hintern zu sehr zu erschrecken.

»Hm«, machte Theo und schwenkte konzentriert die Spiegeleier.

»Kann ich auch eins haben?«, fragte ich hoffnungsvoll, als Theo einen Teller aus dem Schrank holte.

»Klar«, murmelte er, griff nach einem zweiten Teller und stellte ihn vor mir auf den Tisch.

Da tat er mir plötzlich leid. Irgendwie sah er in diesem Moment aus wie der einsamste Theo der Welt. In seinen komischen karierten Pantoffeln und seinen Tennissocken und seiner Jogginghose. Wie ein einsamer alter Mann, der sich Spiegeleier briet.

Dann legte er sich die Spiegeleier, die an den Enden zusammengepappt waren, auf den Teller, ging zum Kühlschrank, holte etwas heraus, kam zu mir und legte mir ein rohes Ei auf den Teller.

»Pfanne ist noch heiß.«

Da tat er mir überhaupt nicht mehr leid.

Aber ich hatte ein Ass im Ärmel. Eines, das tausendmal besser duftete als Speck und Eier.

»Ich treff mich gleich mit Mila«, verkündete ich und legte das Ei vorsichtig in unsere Obstschale, in der noch nie Obst gelegen hatte. Ab und zu eine Tüte Gummibärchen, aber die waren ja fast schon Obst.

»Hm«, schmatzte Theo, schnitt ein Spiegelei aus seinen Spiegeleidrillingen und warf es mir auf den Teller.

Als ich in der Ringbahn saß, die zum Ostkreuz fuhr, versuchte ich, mich nicht aufs Zählen der Haltestellen zu konzentrieren. Ich versuchte, überhaupt nichts zu zählen, was mir wirklich schwer fiel. Wenn ich aus unserem Kuhkaff mit dem Bus in die Stadt gefahren war, hatte ich immer Sachen gezählt, um die Zeit totzuschlagen. Rehe, Hasen, Hochsitze. Irgendwann kannte ich alle Hochsitze auswendig. Es waren elf. Wenn man genau weiß, wie lange etwas Blödes dauert, bis etwas Tolles passiert, dauert es hundertmal so lang.

Ich hätte mein Wissen über die Hochsitze gern mit den Rehen und den Hasen geteilt. Aber vermutlich hätte es sie auch nicht davon abgehalten, sich Abend für Abend auf ihrer geliebten Lichtung zu treffen. Ist doch immer dasselbe: Kaum hat man erkannt, wie toll etwas ist, dauert es nur einen Wimpernschlag, bis es knallt.

Am Ostkreuz lief ein großer schlanker Typ vor mir die Treppen hoch, der Robert aus der Schweiz zum Verwechseln ähnlich sah. Er trug denselben Rucksack und unter seiner Mütze kringelten sich jede Menge blonder Locken. Ich zuckte kurz zusammen und verlangsamte meinen Schritt, aber da verschwand er auch schon wieder im Gewusel der Leute und in einem Wirrwarr aus provisorisch zusammengezimmerten Treppenschächten, die weniger ein Kreuz, als ein Labyrinth bildeten.

In Berlin merkte man nie wann Montag oder Freitag oder Sonntag war. Eigentlich war Berlin eine Stadt ohne Sonntag. Was ich gut fand. Genau genommen gab es hier nicht einmal richtige Tageszeiten. In den meisten Cafés konnte man bis nachmittags oder abends Frühstück bestellen, ohne schief angesehen zu werden, und dank der vielen Spätshops konnte man sich vierundzwanzig Stunden am Tag einen Eisbergsalat kaufen oder ein Glas Würstchen oder Pflanzgranulat oder Lakritzschnecken oder Schokolade.

Das einzige Naturereignis, dem diese Stadt hoffnungslos ausgeliefert zu sein schien, war der Winter. Eine bitterkalte Version von Winter.

Ich schlitterte über die völlig vereiste Brücke an der Warschauer Straße, tappte vorsichtig die glatten Stufen zum

Bahnsteig hinunter und erwischte gerade noch die U-Bahn, die abfahrbereit am Gleis stand. Zum Görlitzer Bahnhof.

Ungeduldig hielt ich Ausschau nach ihrer Mütze, trat von einem Bein auf das andere, um nicht versehentlich festzufrieren. Hatte ich mich vielleicht doch verhört? Hatte Mila sich vielleicht gar nicht mit mir treffen wollen?

Erst vor ein paar Stunden war ich genau an dieser Haltestelle eingestiegen, aber jetzt war die Kreuzung voller Autos. Im Schneckentempo krochen sie über die Straße. Und es fielen keine kuscheligen Frau-Holle-Flocken mehr. Wie ein großes, graues Zelt spannte sich der Himmel über mir, nicht ein einziges winziges Flöckchen wollte er ausspucken. Oder zwei oder drei oder elf.

Da tippte mir jemand auf die Schulter.

»Wartest du schon lange?«

Ich drehte mich um. Milas Wangen waren fast so rot wie ihre Mütze.

»Hallo, Mila!« Und dann fiel mir auf, dass sie bei Tageslicht noch viel kleiner und zierlicher wirkte als in U-Bahnen und Bars. Als könnte sie Gedanken lesen und als wollte sie mir das Gegenteil beweisen, setzte sie ein schelmisches Grinsen auf und das Funkeln in ihren Augen ließ sie sofort ein paar Zentimeter wachsen.

»Ist dir kalt?«, fragte sie, ohne eine Antwort abzuwarten. »Gehen wir ein Stück, dann wird dir warm.«

Im Görlitzer Park wimmelte es von Schlitten in allen Farben, Größen und Formen. Als ich die sanft geschwungenen Hügelchen sah, die die Kinder kreischend hinunterbrausten, musste ich ein bisschen schmunzeln und dachte an Hannah. Unsere erste gemeinsame Abfahrt auf einem Schlitten hatte mit zwei geprellten Steißbeinen geendet, weil wir den Jungs in unserem Dorf unbedingt was beweisen wollten. Wir hatten nicht gesehen, dass unser Schneehügel abrupt in einer Rampe endete, und krachten am Schluss einen Meter tief auf blankes, hartes Holz. Bis zu jenem Tag wusste ich nicht mal, dass ich ein Steißbein besaß und wozu ich es brauchte. Jetzt weiß ich es: für Vorwärts- und Rückwärtsrollen. Wie gut, dass ich Sportunterricht und Bodenturnen hinter mir gelassen habe – und Jungs, denen ich was beweisen will.

Mila schien die rodelnden Kinder genauso lustig zu finden wie ich. Jedenfalls lächelte sie immerzu vor sich hin, ohne was zu sagen. Ich beobachtete sie aus den Augenwinkeln, während ich neben ihr über den platt getrampelten Schnee lief, und sagte auch nichts. Es war schön, Mila einfach nur anzusehen, und außerdem war der Wind fiel zu eisig, um ihn in meinen Mund zu lassen.

Ohne Vorwarnung bog Mila auf ein Stück Wiese ab, bückte sich und hob ein Häuflein Schnee auf. Sie zerknautschte es zwischen ihren Handschuhen zu einer kleinen Kugel, die sie mir triumphierend entgegenstreckte.

»Das wird der Kopf«, sagte sie, setzte ihren Rucksack ab und begann, den kleinen Schneeball quer über die verschneite Wiese zu rollen. Schnell wurde die Kugel größer und ich wusste, was ich zu tun hatte. Bald rollten wir unsere Kugeln um die Wette und nach einer Weile war meine so groß, dass ich mich heftig dagegenstemmen musste, damit sie sich überhaupt noch vorwärtsbewegte. Bester Berliner Pappschnee.

»Sag mal«, japste ich, als Mila ihre Kugel gerade an mir vorbeikullerte, »du sprichst echt gut Deutsch. Manchmal höre ich nicht mal einen Akzent.«

»Ja«, japste Mila zurück. »Sachen, die mir gefallen, merke ich mir immer schnell. Ist wie mit der Musik.« Sie setzte sich vorsichtig auf ihre Kugel, die bald der Kopf eines Schneemannes sein würde. »Ich hatte sieben Jahre Deutsch in der Schule. Früher wollte ich unbedingt Deutschlehrerin werden. Es ist so eine schöne Sprache. Kennst du Rilke?«

»Den Dichter?« Ich stützte mich auf meine Kugel, um kurz zu verschnaufen.

»Du musst das Leben nicht verstehen, dann wird es werden wie ein Fest«, sagte Mila und klaubte ein Häuflein Schnee von der Wiese.

»War das jetzt Rilke oder Mila?«, fragte ich verdutzt.

»Und lass dir jeden Tag geschehen ... so wie ein Kind im Weitergehen ... von jedem Wehen ... sich viele Blüten schenken lässt.«

Ich sah Mila staunend an und schaute zu, wie sie geistesabwesend den Schnee in ihrer Hand zerdrückte.

»Wow«, murmelte ich und im nächsten Augenblick hatte ich einen Schneeball im Gesicht.

»Hey, du Hexe!«, rief ich und ging hinter meiner Kugel in Deckung.

»Sie aufzusammeln und zu sparen, das kommt dem Kind nicht in den Sinn«, hörte ich Mila trällern. Als ich hinter meiner Kugel hervorlugte, zischte auch schon der nächste Schneeball an meinem Ohr vorbei. Mann, dieses Mädchen konnte echt gut werfen!

»Na warte!«, rief ich, formte einen Schneeball, sprang hinter meiner Kugel hervor und ging zum Gegenangriff über. Mila war schon losgerannt – ich hinterher. Wir jagten und rutschten über die halbe Wiese, immer um unsere Kugeln herum, Mila quietschte vor Vergnügen und bückte sich nach neuem Schnee. *»Sie aufzusammeln und zu sparen«*, stieß sie noch einmal außer Atem hervor, *»das kommt dem Kind nicht in den Sinn.«*

In diesem Moment warf ich und traf Mila an der Schulter.

»Tschort!«, rief Mila lachend, blieb stehen und klopfte sich den Schnee von Schulter und Mütze. Dann drehte sie sich zu mir um und grinste mit feuerroten Bäckchen ihr schelmischstes Mila-Grinsen.

»Es löst sie leise aus den Haaren ... drin sie so gern gefangen waren ... und hält den lieben jungen Jahren ... nach neuen seine Hände hin.«

Dann zeigte sie mir ihre Handflächen und hob sie über den Kopf als Zeichen der Kapitulation.

»Schön, oder?«, fragte sie. »Das Gedicht.«

»Kannst du's mir noch mal vortragen, wenn ich gerade keinen Schnee im Ohr habe?«

»Ja«, sagte Mila und stapfte ans andere Ende der Wiese.

Die dritte Kugel rollten wir zusammen und schoben sie ächzend und kichernd zu den anderen beiden. Mit vereinten Kräften setzten wir die Kugeln aufeinander und ließen uns erschöpft in den Schnee plumpsen.

»Aber du singst auf Russisch«, sagte ich nach einer Weile.

»Ich träume auch auf Russisch.«

»Und fluchst auf Russisch«, fügte ich hinzu.

»Meine Lieder sind mein Zuhause«, sagte Mila nach einer Weile. »Es würde mir komisch vorkommen, sie in einer anderen Sprache zu singen. Aber wer weiß, vielleicht singe ich bald mal etwas auf Deutsch.«

»Hm. Du könntest ja Rilke vertonen.«

Mila schwieg. »Er kann noch gar nichts sehen«, sagte sie plötzlich.

»Was?«

»Der Schneemann. Er sieht gar nichts.« Mila schaute zu der unförmigen obersten Kugel empor. Dann kramte sie in ihren Jackentaschen und förderte ein paar dunkelbraune, schrumpelige Kastanien zutage.

»Die sind aus dem Garten meiner Oma«, erklärte sie stolz, stand auf und steckte unserem blinden Schneemann zwei Kastanien in den Kopf. Von nun an würde er die Welt aus Milas Augen betrachten können.

Ich stellte mich neben sie und formte dem Schneemann ein paar schöne große Schneeohren. Dann fing Mila an, die Wiese abzusuchen. Nach einer Weile kam sie zurück und steckte dem Schneemann eine pinkfarbene Pappröhre an.

»'ne Silvesterrakete«, sagte ich.

»Eine Nase«, verbesserte mich Mila, trat einen Schritt zurück und betrachtete unser Werk. »Hübsch«, sagte sie zufrieden.

»Ja, wunderhübsch … Aber braucht er nicht noch einen Mund?«

»Er ist ein *Mann*«, entgegnete Mila streng.

»Ja, und?«

»Männer reden nie. Oder nur Blödsinn.«

Ich schaute Mila verblüfft an und dann prusteten wir los vor Lachen.

»Ich glaube, ich weiß sogar, was er für ein Sternzeichen ist«, gluckste Mila und versuchte krampfhaft, ein ernstes Gesicht zu machen.

»Echt?« Ich sah Mila erwartungsvoll an.

»Na klar!« Sie musterte den Schneemann noch einmal von oben bis unten, schaute ihm tief in die Kastanienaugen und strich ihm über den dicken Bauch. »Wassermann.«

Später saßen wir am Landwehrkanal, der komplett zugefroren war. Mila hatte eine Decke mitgebracht, die wir auf die Steinmauer legten, eine Thermoskanne und sogar eine Extratasse für mich. Sie goss mir Tee ein, der nach Äpfeln und Zimt duftete. Meine klitschnassen Handschuhe hatte ich ausgezogen, um mir an der Tasse die Finger zu wärmen. Mila schien die Kälte kaum etwas auszumachen.

Ich erinnerte mich, dass es im Spätherbst am Kanal von Leuten nur so gewimmelt hatte. Jetzt teilten Mila und ich uns die Uferpromenade mit ein paar Joggern.

»Was ist eigentlich mit diesem Theaterstück, von dem du erzählt hast?«, fragte ich.

»Ach, eigentlich hätten die Proben längst beendet sein sollen«, antwortete Mila mit genervtem Unterton. »Aber das ist ein Haufen fauler Hippies.«

Ich musste schmunzeln, dieses Wort ausgerechnet aus Milas Mund zu hören, denn ich konnte mir Mila in einem Haufen Hippies eigentlich sehr gut vorstellen. In einem Haufen fleißiger Hippies vielleicht.

»Sie reden immer viel«, fuhr Mila fort, »aber sie kiffen und trinken auch viel. Und dann mussten die Proben ständig verschoben werden, weil irgendeiner nicht auftauchte. Oder wir haben diskutiert, anstatt zu proben. Da bin ich ausgestiegen. Das habe ich alles schon mal erlebt. Darauf habe ich keine Lust mehr. Ich will Musik machen.«

»Aber du darfst weiter bei ihnen wohnen?«

»Ja, noch ... Ist doch nicht meine Schuld, dass alles so gekommen ist ...«

»Und du hast in Rostow auch schon Musik gemacht?«

»Ja, in einer Punkband«, verkündete Mila nicht ohne Stolz. »*Sokoly*. Wir waren echt gut. Na ja ... wir hätten gut werden können. Seit ich vierzehn war, habe ich mit denen Musik gemacht, ich dachte wirklich, wir könnten es zu etwas bringen. Aber die Jungs haben irgendwann lieber Wodka gesoffen, als zu proben. Und Serjoscha ... der Bassist war am schlimmsten von allen. Der beste Musiker ... Tja, nun muss ich eben alleine berühmt werden.« Mila durchbohrte die Eisschicht zu unseren Füßen mit trotzigen Blicken. »Ich weiß, ich kann das schaffen.«

»Hast du Sehnsucht nach zu Hause?«

»Zu Hause?«, erwiderte Mila unwirsch.

»Ich ... ich dachte ja bloß ...«

»Wo ich Musik machen kann, da bin ich zu Hause. Wo mir neue Lieder einfallen.«

»Aber ...«

»Was soll das überhaupt sein – Zuhause? Ein Punkt auf der Landkarte? Ein Haus? Eine Wohnung? Ein Zimmer? Ein Wochenendhäuschen mit riesigem Grundstück vielleicht?

Frag doch mal meine Schwester Anna, wie glücklich dich so ein Wochenendhäuschen mit Bienenstock und Seeblick und Apfelbäumen macht.« Mila redete sich in Rage und mehr mit sich selbst als mit mir. Ich für meinen Teil wusste nicht, was an einem Wochenendhäuschen mit Bienenstock und Seeblick und Apfelbäumen grundsätzlich so verkehrt sein sollte, aber ich spürte auch, dass jetzt nicht der richtige Zeitpunkt war, sie danach zu fragen.

Plötzlich stützte Mila sich auf und ließ sich vorsichtig an der Mauer hinuntergleiten.

»Mila, was machst du denn da?«, rief ich.

Schon berührten ihre Fußspitzen die Eisfläche und dann stand sie plötzlich auf dem Eis.

»Los komm, das macht Spaß!«, rief sie und tappte über den zugefrorenen Kanal.

»Ich bin doch nicht lebensmüde!«

»Man kann auch an Langeweile sterben!«, rief Mila und drehte sich um. Sie nahm Anlauf, schlitterte in die Mitte der Eisfläche, hob ein Bein und streckte die Arme zur Seite aus. Wahrscheinlich hatte jeder Schneemann mehr Grazie als eine Mila auf dem Eis. Sie sah so ulkig aus, dass ich lachen musste.

Ich schaute ihr eine Weile zu und dabei fiel mir auf, dass sie gar keine Kneipe brauchte, um auf einer Bühne zu stehen. Die Bühne war da, wo Mila stand.

Als wir uns später am U-Bahnhof verabschiedeten, wurde es schon dunkel. Ich traute mich nicht, Mila nach ihrer Telefonnummer zu fragen, und ich wollte ihr meine Nummer auch nicht aufdrängen. Ich wusste ja, wie sehr sie schicksalhafte Begegnungen mochte. Aber wiedersehen wollte ich sie trotzdem. Unbedingt.

»Sehn wir uns mal wieder?«, fragte ich also, bevor Mila als Pfefferminzwolke in der Dunkelheit verschwinden konnte.

»Bestimmt.«

»Ich arbeite nächsten Sonntag im *Delirium*. Vielleicht hast du ja Lust, vorbeizukommen? Werner ist natürlich auch herzlich eingeladen.«

»Mal sehen. Ja, vielleicht.«

Ich nickte und wusste, dass es Zeit war zu gehen.

»Na dann«, sagte ich verlegen und wusste nicht, ob ich Mila zum Abschied umarmen oder ihr die Hand geben sollte. Beides kam mir nicht richtig vor. Mila nahm mir die Entscheidung ab. Sie tänzelte rückwärts und hob die Hand.

»Tschüss, Rike. Komm gut nach Hause.« Sie drehte sich um und ging.

Ein »Ja, vielleicht« war immerhin mehr als ein Vielleicht, oder?

Anetschka, heute habe ich nur für dich gespielt. Weil doch dein Geburtstag ist. Ich habe es nicht vergessen. Wie könnte ich? Ob dir jemand einen Schneekuchen gebacken hat? Ich hoffe sehr! Ist meine Karte rechtzeitig angekommen? Telefonieren ist immer so teuer.

Du wärest stolz auf mich gewesen. Ich habe zum ersten Mal ein eigenes Lied gesungen. Es hat den Leuten gefallen. Und natürlich die alten Sachen von Sokoly. *Das Geld reicht mindestens für ein paar Schawarma bei Fatih und einen neuen Satz Gitarrensaiten. Ich glaube, ich habe sogar meinen ersten richtigen Fan! Er wollte gleich wissen, ob ich eine CD habe und wo er mich das nächste Mal hören kann.*

Ich habe das Gefühl, ich bin auf dem richtigen Weg. Ich hoffe, du findest bald auch deinen. Tausend Küsse, deine kleine Milotschka.

Donnerstagnachmittag schrieb ich meine erste Mail mit hoher Dringlichkeitsstufe. An Mimi. Wir mussten eine Hausarbeit zu unserem Referat schreiben und wollten noch absprechen, wie wir die Aufgaben verteilten, doch Mimi hatte sich am Montag nicht in Borchardts Kurs blicken lassen. Vielleicht hoffte sie, dass unser Auftritt so leichter in Vergessenheit geraten würde ebenso wie der Umstand, dass sie ein Teil dieses Auftritts gewesen war. Die Schelte für unsere misslungene Darbietung musste ich Montagmorgen also allein über mich ergehen lassen, was ich reichlich unfair fand, denn natürlich genoss es der Haifisch über alle Maßen, mich noch einmal vor versammelter Mannschaft zu demütigen.

Auf meine letzten beiden Mails hatte Mimi nicht reagiert und an ihr Handy ging sie auch nicht. Sorgen brauchte ich mir aber nicht um sie zu machen, denn dank eines hervorragenden Spionageinstruments wusste ich, dass sie seit neunzehn Stunden in einer Beziehung war – was dreizehn Personen gefiel – vor zwei Stunden megaglücklich war – was vier Personen gefiel – und vor siebenundzwanzig Minuten festgestellt hatte, dass das Leben doch etwas ganz, ganz Tolles ist – was bisher noch keinem gefiel.

Ich drückte den Gefällt-mir-Button und ging in die Küche, um mir einen Kakao zu kochen. Kurz darauf klingelte es an der Tür. Ich schlurfte über den Flur und drückte den Summer. Wahrscheinlich war es irgendein Kumpel von Theo oder die Post.

Ich wartete ungeduldig an der Tür, weil ich die Milch auf dem Herd stehen gelassen hatte, als ich die rote Mütze sah.

»Mila! Was ... du ... wie ...« Ich konnte es nicht fassen. Woher wusste Mila, wo ich wohne? War sie im *Delirium* gewesen und hatte Achim nach meiner Adresse gefragt? Eine andere Erklärung fiel mir auf die Schnelle nicht ein.

»Du kommst genau richtig, ich wollte mir gerade einen Kakao ...«

»Da bist ja«, hörte ich Theo hinter mir sagen.

Ich drehte mich um, schaute zu Theo und dann zu Mila und wieder zu Theo.

»War mir nicht sicher, ob meine Beschreibung dich eher verwirrt hat«, sagte er.

Seine Beschreibung? Theo war auch im *Delirium* gewesen? Aber wieso hatte er mir denn nicht erzählt, dass er Mila dort getroffen hatte? Und seit wann ging Theo überhaupt ins *Delirium*?

»Zur Not hätte ich eben noch mal angerufen. Aber eigentlich funktioniert mein innerer Kompass ganz gut«, antwortete Mila.

Angerufen?

»Sag mal, Rike, brennt da irgendwas an?«

Mila hatte Theo angerufen. Mila hatte eine Verabredung mit Theo.

»Rike, da kocht was über!«, sagte Theo laut. Ich stolperte in die Küche und riss den Topf vom Herd, aus dem die Milch quoll wie der süße Brei im Märchen. Ich verbrannte mir die Finger und stieß vor Schreck die offene Kakaodose um, die ich neben dem Herd abgestellt hatte. Der Schrank, der Boden, meine Hose – in wenigen Sekunden war alles von einer feinen Schicht Kakaopulver bedeckt.

Ich hielt meine Finger unter kaltes Wasser und hörte Mila im Flur lachen. Das zwiebelte mindestens genauso doll wie meine Finger. Aber wieso eigentlich? Theo musste Mila seine Nummer irgendwann in der *Katze* zugesteckt haben. Und Mila hatte ihn angerufen. Na und? Was war denn schon dabei?

Es war gegen die Abmachung, sagte eine innere Stimme. Es war gegen die Abmachung, dass Theo seinem Glück mit Telefonnummern auf die Sprünge half, und es war gegen die Abmachung, dass Mila Theo super fand. Mädchen fanden Theo super, aber Mila doch nicht! Mila war anders. Mila war meine Freundin.

Eine Sekunde später fand ich diesen Gedanken absolut lächerlich. Und als ich das Chaos um mich herum sah, fand ich mich genauso lächerlich. Auf dem Boden hatten sich kleine Kakaopfützen gebildet. Ich drehte den Wasserhahn zu, atmete tief ein und spürte, wie meine Fingerspitzen pulsierten. Ich führte mich auf wie ein Kleinkind, dem man sein Spielzeug weggenommen hatte.

Theo schaute zur Tür herein, sah auf den Boden und nickte anerkennend.

»Wow, Rike! Wenn du das nächste Mal Kakao machst, setzt du dir vielleicht lieber einen Helm auf.«

Ich warf einen Lappen. Er klatschte an den Türrahmen und fiel auf den Boden.

»Wir sind dann mal weg.«

Kurz darauf fiel die Wohnungstür ins Schloss.

Ich fühlte mich elend. Mein Herz pochte wie wild. Meine Finger pochten. Ich hatte Wut. Ich war traurig. Ich hatte keine Lust, den Herd zu schrubben. Ich wollte Kakao und die Milch war alle. Ganz, ganz toll, das Leben.

Wenigstens auf Mimi war Verlass. Als ich zurück an den Rechner ging, hatte ich eine Mail von ihr. Sie schlug vor, ich solle doch einfach schon mal mit meinem Teil anfangen, sie komme gerade zu nichts. Grins. Aber nächsten Montag komme sie bestimmt – falls nichts dazwischenkomme. Grins. Liebe. Grins. Grüße. Grins. Mimi. Grins.

Ich zerrte meine Aufzeichnungen zu unserem Referat aus dem Regal. Mila hatte mir nicht mal richtig Hallo gesagt. Mila hatte Theo am Sonntag im Park mit keiner Silbe erwähnt. Vielleicht hatte sie sich ja nur mit mir getroffen, um Sachen über Theo rauszukriegen? Um rauszufinden, ob er eine Freundin hatte? Vielleicht war es überhaupt nicht um mich gegangen?

Die Hausarbeit musste gut werden, sonst würde der Haifisch uns den Schein nicht geben, den wir brauchten, wenn wir den Grundkurs nicht noch mal wiederholen wollten – worauf ich natürlich nicht die geringste Lust hatte. Hoffentlich ließ Mimi mich nicht hängen. Verliebte sind so unberechenbar.

Nach etwa einer halben Stunde gab ich auf. Ich fuhr den Rechner runter, schnappte mir meine Tasche und meine

Klamotten und ging zur S-Bahn. Es dämmerte bereits. Ich fuhr vier Haltestellen bis Ostkreuz, eine bis Warschauer Straße, zwei bis Görlitzer Bahnhof.

Im Park waren kaum noch Kinder, dafür jede Menge Leute mit Hunden. Ich sah unseren Schneemann schon von Weitem. Er hatte inzwischen Gesellschaft von anderen Schneemännern und Schneefrauen bekommen, aber seine kleinen dunklen Knopfaugen und seine Raketennase waren unverwechselbar. Nur hören konnte er nichts mehr, denn die Ohren waren abgefallen. Ich formte ihm aus dem frischen Schnee ein paar neue und klebte sie ihm an. Nicht ganz so große diesmal, damit die anderen Schneemänner ihn nicht hänselten. Ich musste grinsen. Mila hätte das gefallen.

Theo würde nie einen Schneemann bauen. Bestimmt langweilte Mila sich mit ihm zu Tode. Bestimmt würde sie am Sonntag ins *Delirium* kommen und mir von ihrem stinklangweiligen Nachmittag mit Theo erzählen. Und Theo würde sich spätestens morgen wieder mit einem seiner Aloe-Vera-Mädchen treffen.

Ihn zu küssen ist besser, als dich nicht zu küssen. Er macht mir keine Geschenke. (Erst recht keine geklauten.) Und keine Versprechen. Ich muss nicht dankbar sein.

Er zeigt mir die Stadt. Er spricht ihre Sprache – er ist hier geboren. Ich habe gehört, so jemand wie er ist hier selten. Alle kommen von woanders her, alle wie ich. Er kennt viele Geschichten und jede Menge Leute. Er könnte mir nützlich sein. Er sieht mich gerne an. Er bringt mich zum Lachen. Er wird mich nicht zum Weinen bringen. Ich bin frei, aber nicht allein. Alles ist perfekt.

Vielleicht sollte ich einfach hierbleiben. Hier gibt es Leute, die an mich glauben. Die für meine Musik bezahlen. Wer sollte mich daran hindern? Ganz sicher nicht dieser Fetzen Papier. Wer sollte mir verbieten, glücklich zu sein?

Unser Ende ist besiegelt, kleine Sonne. Mit einem Kuss, den du nicht bekommen hast.

Du musst das Leben nicht verstehen, dann wird es werden wie ein Fest. Das traf auf mich zur Hälfte zu. Das Fest wurde aber ohne mich gefeiert. Im Zimmer nebenan. In unserer Küche. Ich hörte Töpfe und Geschirr klappern, Gläser klirren. *Na sdorowje!*

In der weißen Küche im Haus gegenüber wurde auch gekocht. Manchmal war unser Hinterhof wie Kino. Lauter kleine Stummfilme hinter Glas. Ich sollte aufhören, aus dem Fenster zu starren. Ich musste eine Hausarbeit schreiben und zwar sofort. Ich hatte inzwischen nur noch fünf Tage und der Haifisch würde keine Ausreden akzeptieren, auch wenn sie der Wirklichkeit entsprachen. Zum Beispiel dass ich die letzten drei Wochen fast täglich im *Delirium* verbracht hatte. Evi war komplett ausgefallen, weil es irgendwelche Komplikationen mit der Schwangerschaft gab, die Ärmste, und ich kriegte den Geruch nach Rauch und Frittenfett und Achim nicht mehr aus den Klamotten. In den Vorlesungen schlief ich meistens oder war damit beschäftigt, es nicht zu tun. Dennoch war ich froh über jeden Abend, an dem ich nicht wusste, was Theo tat. Außerdem konnte ich das Geld mehr als gut gebrauchen, Achim endlich beweisen, dass es eine großartige Idee gewesen war, mich, das Landei, anzuheuern, das nun seinen Laden schmiss, und zu guter Letzt hatte ich die leise Hoffnung gehegt, Mila würde doch noch mal im *Delirium* auftauchen, nachdem sie mich am Sonntag vor drei Wochen versetzt hatte. Aber Mila war nicht gekommen. An keinem Sonntag, keinem Montag, keinem Dienstag. Gar nicht. In ihren Augen waren wir wahrscheinlich nicht mal verabredet gewesen. Ein »Ja-vielleicht« ist eben auch weniger als ein Ja ...

Auf meinem Schreibtisch lag ein schmaler, geblümter Gedichtband. Rilke – Liebesgedichte. Ich hatte aufgehört darin zu lesen, nachdem Mila auch am zweiten Sonntag nicht im *Delirium* aufgetaucht war. Seit sie heute Nachmittag wieder vor unserer Tür gestanden hatte, um Theo zu besuchen, benutzte ich Rilke als Untersetzer für meine Kaffeetasse. Ich hörte Mila nebenan lachen und fragte mich, was an Spaghetti mit Tomatensoße eigentlich so lustig war.

Ich schaute auf den Bildschirm. Viel hatte ich in den letzten paar Stunden nicht zustande gebracht. Um genau zu sein, war ich über die Einleitung nicht hinausgekommen. Und selbst die war zur Hälfte zusammengeklaut. Ob der Haifisch Gnade walten ließ, weil am Montag Valentinstag war? Wohl kaum. Ich verbreiterte den Seitenrand des Dokuments und vergrößerte die Schrift um einen Punkt und schon hatte ich eine halbe Seite gewonnen. Zeit für eine Pause.

Normalerweise wäre ich jetzt in die Küche gegangen und hätte mir ein Käsebrot geschmiert, mit ganz viel Käse, sauren Gurken und Ketchup obendrauf. Aber das ging ja leider nicht. Und so wie ich Theos Kochkünste einschätzte, war für seine Tomatensoße ohnehin die ganze Flasche Ketchup draufgegangen. Ich wusste nicht mal genau, auf wen der beiden ich weniger Lust hatte – auf Theo, diesen Spitzenkoch, oder auf Mila, die unsere Begegnung kein bisschen magisch gefunden hatte. Zumindest tat sie so, als hätte es unseren Nachmittag im Park nie gegeben und auch keinen Schneemann ohne Mund. Vielleicht hatte ich mich ja auch einfach zu sehr nach einer Freundin in Berlin gesehnt.

Leider war meinem Magen mein Stolz piepegal. Nach ein paar Minuten griff ich schließlich zum Telefon. Wozu gab es den Pizzaservice? Pizza Salami Supreme mit Extrakäse – ein würdiger Käsebrotersatz. Essen, das einen lieb hat.

Wenig später klopfte es an meiner Tür und ich dachte schon, ich hätte den Pizzamann überhört. Aber da stand Theo und fragte mich, ob ich was mitessen wolle. Ich traute meinen Ohren kaum.

»Hab mir ’ne Pizza bestellt.« Wie aufs Stichwort klingelte es. »Das wird sie wohl sein.«

Ich ging an Theo vorbei, ohne ihn anzusehen, und nahm meine Pizza in Empfang. Ich wollte gerade zurück in mein Zimmer schlüpfen, da fragte Theo, der immer noch im Weg rumstand: »Willst du dich nicht mit uns in die Küche setzen?« Diese Frage erwischte mich so eiskalt, dass ich bloß mit den Schultern zuckte und hinter Theo in die Küche schlurfte. Mila saß schon am Tisch und grinste mich an. Ich lächelte schwach und sah als Nächstes, dass sie für drei gedeckt hatten. Bevor der Anblick dieser drei Teller mich irgendwie rührselig machen konnte, stellte ich einen Teller zurück in den Schrank und knallte meinen Pizzakarton auf den Tisch.

Ich schlang meine Pizza hinunter, weniger weil ich in Gegenwart der beiden unbändigen Appetit verspürte, sondern damit mein Mund immer voll war und ich nichts sagen musste. Auch Theo und Mila sagten nicht viel, aber ich glaube, weil sie so vertieft in ihre Nudeln waren. Theo aß seine Spaghetti wie immer. Er schlürfte sie der Länge nach vom Teller, anstatt sie vorher auf eine Gabel zu wickeln. Es schien ihn nicht im Geringsten zu stören, dass er dabei aussah wie ein Dreijähriger. Auch Mila schienen die Saug- und Schmatzgeräusche nicht zu stören, und plötzlich beschlich mich der Verdacht, dass sie Theo nicht zum ersten Mal Nudeln essen sah. Überhaupt war da eine komische Vertrautheit zwischen den beiden. Es war nicht so, dass sie sich die ganze Zeit ansahen oder angrinsten, es war eher so, dass sie sich nicht die ganze Zeit ansahen und angrinsten.

Ich bekam Bauchweh. Zu viel Käse, zu viel Information.

»Wie geht's dir denn so?«, fragte Mila mich plötzlich.

»Gut.«

»Schön«, sagte Mila.

»Und dir?«, fragte ich.

»Mir geht es auch gut.«

»Schön.« Wenn Mila mich besser gekannt hätte, hätte sie den Sarkasmus in meiner Stimme bemerkt. Zum ersten Mal war ich froh, dass sie mich nicht besser kannte.

Ich klappte den Deckel meiner Pizzaschachtel zu und stand auf.

»Tut mir leid, ich muss wieder an den Rechner.«

Mila schaute von ihrem Teller auf und sah mich fragend an. Fast ein wenig vorwurfsvoll. Aber nur fast.

»Ich muss noch was schreiben ... für die Uni ... eine Hausarbeit«, stammelte ich. Mein albernes Benehmen machte mich nun selbst verlegen, aber ich konnte einfach nicht anders. »Am Montag ist Abgabetermin«, fügte ich entschuldigend hinzu, sah zu Theo und wurde so rot wie seine Mundwinkel. Theo lud sich einen neuen Berg Nudeln auf den Teller und nickte.

»Na dann wünsche ich dir viel Glück«, sagte Mila und es machte mich stutzig, wie wenig sarkastisch das klang.

Ich lag auf dem Bett und hatte immer noch Bauchweh. Aus Theos Zimmer klang gedämpft der Ton des Fernsehers und hin und wieder ein Lachen. Ihr Lachen. Es war schon spät und ich hätte diese Nacht eigentlich dazu nutzen sollen, mich endlich einmal auszuschlafen. Aber ich konnte nicht schlafen. Immer wieder sah ich Mila vor mir in unserer Küche sitzen wie ein gezähmtes Wunder. Ich musste daran denken, wie sie in der U-Bahn gesungen hatte und dass mir ihre Stimme sofort vertraut erschienen war, überwältigend vertraut, und wie sie zum ersten Mal im *Delirium* an der Bar gehockt hatte mit Werner in seinem grünen Samtbett. *Du hast schöne Hände.* Unser Schneemann musste inzwischen längst getaut sein. Seit Tagen war es über Null Grad. Irgendwo auf der Wiese, gut getarnt zwischen Hundehaufen, lagen jetzt zwei Kastanien aus Rostow am Don und eine bunte Papphülse, die vom Himmel gefallen war. *Ich wünsche dir viel Glück.*

Nichts an Mila schien falsch oder verschlagen und dennoch fühlte ich mich von ihr verraten. Vielleicht war ich aber auch einfach nur erschöpft und ein bisschen allein. Fast wünschte ich, mir würden auch die Ohren abfallen, damit ich nicht länger auf die Geräusche in Theos Zimmer lauschen konnte. Aber dann hätte ich auch das andere Geräusch nicht gehört, das eine befreiende, das mich dann doch auf der Stelle einschlafen ließ: unsere Wohnungstür, die ins Schloss fiel. Mila, die nicht zum Frühstück blieb.

Warum versuchen ständig alle, mich festzuhalten? Was soll das sein? Ein Liebesbeweis? Ich bin kein kleines Mädchen mehr! Ich kann alleine laufen und ich komme überallhin. Und ich komme auch von ganz alleine zurück, wenn ich will. Man muss nicht nach mir rufen. Ich bin kein Hund.

Ich möchte gern ein Lied schreiben, aber ich schaffe es einfach nicht. Immer redet jemand dazwischen und sagt mir, dass er mich mag, oder sagt es nicht und schweigt es.

Meine Reise hat gerade erst begonnen. Ich will mich nicht ausruhen. Ich will nicht, dass es gemütlich ist. Gewürzregale flößen mir Angst ein. Genau wie Teelichter. Am liebsten hätte ich sie alle mit einem Mal ausgepustet. Ich fürchte mich nicht im Dunkeln. Warum versteht das hier niemand?

Das Licht im Keller war kaputt. Ich hasste den Keller von Herzen. Er war ein Labyrinth aus bröckelnden Wänden und Gerümpel. Hinter den meisten der namenlosen Holzverschläge türmten sich schimmlige Möbel, Dutzende Bananenkisten und Gespenster.

Ich ging zurück in die Wohnung, um eine Taschenlampe zu holen. Das Problem ist, dass dunkle lange Schächte im Schein einer Taschenlampe nur noch viel dunkler und länger aussehen. Und wenn man Pech hat, weckt man mit dem zuckenden Lichtkegel auch noch die zottelfelligen Monster auf, die es sich auf den Steinvorsprüngen bequem gemacht haben. Weiß doch jedes Kind, dass die es da gemütlich finden.

Trotz meiner Bedenken musste ich noch einmal hinunter. Ich brauchte Kohlen. Als ich mit Taschenlampe und Kohleneimer gerüstet an unserer Wohnungstür stand, klingelte es. Ich erschreckte mich fast zu Tode und ließ die Taschenlampe fallen. Es knallte und die Batterien kullerten über die Dielen. Ich drückte auf den Summer, doch da klopfte es schon. Ich öffnete und staunte nicht schlecht, denn vor mir stand Mila mit ihrem Gitarrenkoffer. Ich schaute sie mit großen Augen an, sie schaute mit großen Augen zurück, ich hielt den Kohleneimer fest umklammert und sagte: »Theo ist nicht da.«

»Ich weiß. Ich wollte ja auch zu dir.«

»Aha.«

»Ich dachte, es gibt etwas zu feiern.«

Wovon redete sie? Vom Valentinstag? Aber wäre das nicht eher Theos Part gewesen?

»Hast du nicht heute deine Hausarbeit abgegeben?«, fragte Mila unbeeindruckt in mein Schweigen hinein.

»Ja«, krächzte ich.

»Und?«, fragte Mila.

»Na ja, es war nicht unbedingt der feierlichste Moment meines Lebens«, log ich, denn natürlich war es eine ausgesprochen große Genugtuung gewesen, dem Haifisch die Arbeit doch noch termingerecht zu überreichen. Um 2:12 Uhr morgens hatte Mimi mir die endgültige Fassung ihrer Kapitel geschickt, gegen halb fünf hatte mein Drucker die letzte Seite ausgespuckt. Zuvor musste ich ihn beleidigen, verprügeln und eine Tintenpatrone wechseln. Es macht großen Spaß, morgens um vier nach einer Tintenpatrone zu suchen, vor allem wenn man seit Monaten sein Zimmer nicht aufgeräumt hat.

Ich hatte drei Stunden Schlaf und »Augenringe bis zum Arsch«, wie Theo beim Frühstück konstatierte. So sehen Helden aus.

»Na ja, vielleicht doch«, gab ich zu. Inzwischen kam es mir fast unhöflich vor, dass ich sie nicht hereinbat, es aber auch nicht über die Lippen brachte.

»Wollen wir darauf anstoßen?«, fragte sie gut gelaunt.

Es war seltsam mit Mila. Sie tauchte auf, wann sie wollte, tauchte nicht auf, wann sie wollte, und stets schien jede Form von Protest unangemessen. Hannah zum Beispiel meldete sich seit Wochen gar nicht mehr bei mir und sie hätte mindestens zehn Vorwärtsrollen mit geprelltem Steißbein machen müssen, um mich versöhnlich zu stimmen. Auf Mila konnte ich nicht mal richtig sauer sein. Es war wie verhext.

»Ich hab am Samstag in einer sehr netten Kneipe gespielt, in der Weserstraße, wollen wir da hin?«, fragte Mila.

»Neukölln?«

Mila nickte.

Ich zögerte zum Schein. »Na gut«, sagte ich schließlich. Da erst fiel mir auf, dass ich immer noch den Eimer in der Hand hielt. »Aber vorher muss ich in den Keller. Kohlen holen.«

Mila lächelte. »Gut. Soll ich dir tragen helfen?«

Zur Abschreckung für alle Pärchen hatten die Leute in Milas Kneipe auf dem Boden und auf den Tischen rote, hässliche Glitzerherzchen verstreut. Jeder Tisch war mit einem Kaktus dekoriert, auf dessen Töpfchen die Aufschrift »Blockade-Gesteck« prangte.

»Das verstehe ich nicht ganz«, sagte Mila. »Was bedeutet ›Blockade-Gesteck‹?«

»Das ist ein Witz, glaube ich.« Fasziniert beobachtete ich, wie Milas linker Zeigefinger über die Stacheln tanzte. »Hier gab's letztes Jahr 'ne große Demo gegen einen Naziaufmarsch, vor vier Monaten oder so«, erklärte ich. »Die Demonstranten saßen auf der Straße und haben den Nazis den

Weg versperrt. Da gab's in vielen Kneipen das ›Blockade-Gedeck‹.«

Mila sah mich noch immer fragend an.

»Eine Tasse Tee und 'ne Linsensuppe. Zum Aufwärmen.«

Mila lachte. Dann bohrte sie ihren Finger in einen Stachel, ohne mit der Wimper zu zucken.

»Vielleicht solltest du es mal als Finger-Fakir versuchen«, schlug ich vor.

»Der Finger-Fakir besorgt uns jetzt mal etwas zu trinken«, sagte Mila. »Hast du Lust auf ein Glas Rotwein?«

Ich nickte.

Mila stand auf und ging zur Bar. Nachdem sie mit dem Typ dahinter geplaudert hatte, kam sie strahlend an unseren Tisch zurück, jedoch ohne Getränke. Stattdessen bückte sie sich nach ihrem Gitarrenkoffer und holte Werner hervor. Der Typ hinter der Bar machte die Musik aus und ließ Mila singen.

Anetschka schickte immer mich auf den Baum. Anetschka war eben ein Angsthase. Und ich ein Trotzkopf. Meine Schwester wusste, dass Babulja jedes Mal schimpfte, wenn wir in ihren Kirschbäumen räuberten. Ich wusste das auch. Aber die prallen, roten Früchte waren einfach zu verlockend, um sich an Regeln zu halten. So ist es mit dem Leben. Es schenkt dir süße Kirschen, wenn du frech bist.

Ich fiel vom Ast und brach mir das Bein. Ich habe nicht geweint. Keine Sekunde. Anetschka schon. Ich fand das alles gar nicht so schlimm. Nur der Gips war lästig. Ich schwitzte darunter und konnte mich nicht kratzen. Nicht einmal die Füße konnte ich baumeln lassen in den Don, den schönen kühlen. Und der Sommer war so heiß!

Ich sehne mich nach Sommer. Ich sehne mich nach dem Duft überreifer Erdbeeren. Nach Anetschka. Nach Babulja. Ich sehne mich nach ihrem Garten, der nun verwildert. Hier verwildert nichts. Nicht einmal die Gedanken.

Mila kam spielend zurück zu mir und sah mich auffordernd an. Ich verstand nicht, was sie von mir wollte, doch dann sah ich ihre Wollmütze auf dem Tisch liegen. Mila nickte. Sie wollte, dass ich herumging und Geld einsammelte. Ich schüttelte den Kopf, aber Mila nickte wieder und so ging es eine Weile zwischen uns hin und her. Mila umrundete unseren Tisch und ging in den hinteren Teil der Kneipe, wo noch ein paar Leute saßen. Für sie war die Diskussion damit wohl beendet. Ich sah das vollkommen anders. Ich war doch keine Bettlerin! Im nächsten Moment erschrak ich über diesen Gedanken, weil ich das Gefühl hatte, Mila damit zu beleidigen. Mila war keine Bettlerin. Sie war alles andere als das. Mila war stolz und begabt und rastlos. Eine trällernde, fleißige, wunderschöne Hippiebraut.

Ich wusste, dass es sie kränken würde, wenn ich sitzen blieb. Also stand ich auf, obwohl mir das Herz bis zum Hals schlug und ich mich unbehaglich fühlte. Ich nahm die Mütze und ging langsam zu einem der Tische, an dem zwei Mädchen saßen. Ich hatte das Kleingeld neben dem Blockade-Kaktus liegen sehen und hoffte, dass es für Milas Mütze bestimmt war. Ich wollte niemanden in Verlegenheit bringen, der nichts geben wollte. Zum Glück hatte ich mich nicht verschätzt. Lächelnd warf eines der Mädchen die Münzen in die Mütze. Ich bedankte mich kaum hörbar und ging zum nächsten Tisch. Mit jedem Mal wurde es leichter und die Mütze schwerer. Mila warf mir einen Blick über die Schulter zu und lächelte.

Ich erzählte Mila von meinem Studium und von Mimi und auch von Hannah. Fast hätte ich ihr sogar von meinem sehr besonderen Verhältnis zu Fischen erzählt. Ich entschied jedoch, dass es noch nicht der richtige Zeitpunkt war, um über Fische zu reden – obwohl Milas stille Neugier durchaus verlockend war. Wenn es denn Neugier war. Ich wurde das Gefühl nicht los, dass Milas Gedanken gelegentlich abschweiften. Ich versuchte, sie wieder einzufangen.

»Worum ging es in dem Lied, das du gerade gesungen hast?«, fragte ich.

»Um Kirschen.«

»Kirschen?«

»Es ist ein altes Sommerlied. Ich habe es schon mit *Sokoly* gesungen. Na ja, ich habe es etwas umgeschrieben …«

»Es klang ziemlich melancholisch. Gar nicht punkig.«

»Vielleicht sollte ich es nicht mehr singen. Ich finde, es passt nicht mehr zu mir. Es fühlt sich an wie ein Kleid, aus dem ich rausgewachsen bin.« Milas Finger tanzten wieder über den Kaktus. »Aber an Tagen wie diesen tut es gut, an Kirschen zu denken. Findest du nicht?«

»Hm … Was hast du denn jetzt eigentlich vor?«, fragte ich. »Musst du … ich meine, willst du irgendwann wieder zurück? Nach Rostow?« Ich sagte ganz bewusst nicht »nach Hause«.

»Und die Chancen wegwerfen, die ich hier habe?«, entgegnete Mila. »Hier gibt es alles, was ich brauche, um so zu leben, wie ich will. Musiker, Bühnen und Geld.«

»Die WG, in der du wohnst …«

»Ich werde da so bald wie möglich ausziehen. Ich passe dort nicht hin.«

»Weil es faule Hippies sind?«

»Weil sie das alles nicht ernst nehmen. Weil sie so viele andere Möglichkeiten haben. Sie sind Musiker, weil sie gerade Lust darauf haben. Ich singe, weil ich gar nicht anders kann, und nicht, weil es gerade schick ist, mit einem Instrument unter dem Arm durch die Gegend zu laufen.«

Ihre Worte klangen trotzig, kämpferisch und zugleich unendlich abgeklärt.

»Verstehe.« Ich war fasziniert, ja fast ein bisschen erschrocken darüber, dass Mila schon so genau wusste, was sie wollte – oder musste. Die Unausweichlichkeit ihres Plans machte mir auch ein wenig Angst.

Ich fragte mich, wofür ich eigentlich bestimmt war. Die Stille in mir, die auf diese Frage folgte, ernüchterte mich. Ich wusste nicht, wer ich war oder werden musste. War das schlimm? Und wenn es schlimm war, wer war schuld daran? Meine Eltern? Die Lehrer? Ich? Oder hatte man schlichtweg vergessen, mir ein Talent in die Wiege zu legen, das mir den Weg leuchtete? Oder war auch ich zu etwas bestimmt und hatte es nur noch nicht gemerkt?

»Ich glaube, der Wein haut ganz schön rein«, sagte ich.

»Frische Luft?«, fragte Mila und wischte sich ein paar Glitzerherzchen vom Ärmel. Das war ziemlich sinnlos, denn die Herzchen auf der Tischplatte waren eindeutig in der Überzahl und sehr anhänglich.

»Oh ja!«, rief ich. »Und dazu ’ne fettige Schawarma.«

»Mit ganz viel Knoblauchsoße.«

»Kannst du Gedanken lesen?«

Selten hatte ich jemanden mit so viel Hingabe, mit solch zärtlichem Appetit essen sehen. Mir schmeckte es auch sehr gut, allerdings sah ich dabei weniger dekorativ aus als Mila. Fatih, oder wie dieser Typ im Imbiss hieß, sollte Plakate von ihr drucken lassen. Überlebensgroß. Mila schien nämlich nicht nur Stammgast in seinem Laden zu sein, sie war auch der lebende Beweis dafür, dass Essen zutiefst glücklich macht.

Nach einer Tasse Tee schlängelten wir uns zwischen Schneepfützen hindurch zurück zur U-Bahn-Station.

Ein kalter Wind wehte uns entgegen und blies die Wärme fort, die wir im Imbiss getankt hatten. Am Treppenaufgang zur U-Bahn blieben wir stehen. Von Milas Gesicht war außer einer nassen roten Nase kaum noch etwas zu sehen. Sie hatte sich ihre Wollmütze tief in die Stirn gezogen und der Schal verdeckte ihren Mund. Ich sah in der Wolle ihres Schals etwas glitzern und erkannte, dass es ein kleines Herz war. Wahrscheinlich hatten wir eine Spur aus roten Glitzerherzchen gelegt, seit wir die Kneipe verlassen hatten. Jetzt musste nur noch ein fährtenkundiger Traumprinz auf einem weißen Pferd kommen und uns retten. Vor der bösen Winterhexe.

»Das war ein schöner Valentinstag«, sagte ich glücklich, satt und fröstelnd und ließ das kleine Herz, wo es war.

»Ja ... sehr schön.«

Ich trat etwas unbeholfen von einem Bein aufs andere. Ich fand es noch immer kompliziert, mich von Mila zu verabschieden. »Mach's gut«, sagte ich schließlich. »Und lass dich nicht ärgern von den faulen Hippies.«

»Ja.« Mila grinste, das sah ich in ihren Augenwinkeln. »Aber eigentlich ... eigentlich habe ich noch gar keine Lust, nach Hause zu gehen«, kam es gedämpft hinter dem Schal hervor. »Wollen wir noch einen Tee bei dir trinken?«

»Na klar! Gern!«

Wir stiegen die glitschigen Stufen zum Bahnsteig hinauf. Mein Herz hüpfte bei jeder Stufe und ich hoffte, dass noch genügend Herzchen in unseren Klamotten hingen für eine Spur bis zu meinem warmen Kachelofen. Der Prinz konnte sich gern noch ein paar Stündchen Zeit lassen.

Ich drehte den Schlüssel im Schloss und stellte erleichtert fest, dass Theo nicht zu Hause war. Doch meine Freude darüber währte nur kurz, denn als ich in mein Zimmer kam, war sofort klar, dass aus einem kuscheligen Abend am heißen Kachelofen nichts werden würde. Der Ofen war kalt.

»So ein Mist!«, fluchte ich. »Dieser Anzünder ist ja wohl der letzte Schrott!« Ich öffnete die Ofenklappe und schaute hinein. Die Kohlen sahen noch genauso aus wie am Nachmittag. Lauter schwarze, nutzlose Klötze. Und dafür hatten Mila und ich uns in den Keller getraut.

»Ist doch nicht so schlimm«, sagte Mila, die im Türrahmen lehnte. »Dann kochen wir eine Kanne Tee und wickeln uns in ein paar Decken.«

»Und denken an Kirschen«, brummte ich und nahm ein neues Stück Kohlenanzünder aus der Pappschachtel. »Bis es hier drin halbwegs warm ist, das dauert mindestens noch 'ne Stunde. Und die Küche ist auch arschkalt. So was Blödes.«

»Wir könnten auch baden.«

»Was?«

»Na, ihr habt doch eine Badewanne.«

»Ja, schon ...«

»Meinst du, das Wasser im Boiler reicht für eine Wanne?«

»Ja ... bestimmt ...«

»Oh, lass uns baden!«

»Wie? Zusammen?«

»Na wieso denn nicht? Groß genug ist eure Wanne doch.«

»Ja, aber ...«

»Schämst du dich?«

»Quatsch.«

»Oder kannst du nicht schwimmen?«

»Haha.«

»Oder hast du keine Lust?«

»Doch ... schon ... ich ...«

»Dann lass ich Wasser ein, ja?«

»O...okay.«

Ich hörte, wie Mila ins Bad ging und den Wasserhahn aufdrehte.

»Darf ich mir ein Handtuch nehmen?«, rief sie.

»Klar. Nimm dir, was du brauchst.« Ich rührte mich nicht vom Fleck. Ich beugte mich über das kleine, trübe Fenster im

Ofen. Die Kohlen fingen an zu glühen. Genau wie meine Wangen.

Irgendwann verebbte das Rauschen des Wasserhahns. Ich hörte ein Plätschern und wartete einen Moment, dann war es still. Der Duft nach Aprikose wehte über den Flur. Als ich ins Bad kam, saß Mila schon in der Wanne. Ihr Kopf lugte aus einem Riesenberg Schaum hervor, ihr langes schwarzes Haar hatte sie zu einem Knoten zusammengebunden.

»Noch besser als Kirschen«, seufzte sie wohlig, ließ sich bis zum Kinn ins Wasser gleiten und schloss die Augen.

Ich zögerte kurz. Dann wandte ich mich ab, zog mich rasch aus und drehte mich um. Mila hatte die Augen immer noch geschlossen. Ich ging auf Zehenspitzen zur Wanne und tauchte die Finger hinein. Das Wasser war weich und warm. Ohne die Augen zu öffnen, zog Mila die Beine an, um mir Platz zu machen. Vielleicht konnte sie ja wirklich Gedanken lesen.

Ich stieg ins Wasser, das sich an meinen kalten Beinen heiß anfühlte, und ließ mich in die duftenden Türme aus Schaum sinken. Es war herrlich. Ein Wolkenpalast aus Aprikose.

Als ich mich hinsetzte, berührte ich Mila mit meinem Bein. Ich zuckte zurück. Ein Schauer überlief mich. Mila schien das gar nicht zu kümmern. Sie ließ ihre Hände langsam durch das Wasser gleiten und betupfte sich mit kleinen Bergen aus Schaum. Es war unmöglich, sie *nicht* zu berühren. Also ließ ich es geschehen und lehnte mein Bein vorsichtig gegen ihren Oberschenkel. Ihre Haut war ganz glatt.

Ich betrachtete ihr fein geschnittenes Gesicht, ihre sanft

geschwungenen Lippen, die sich immer so keck kräuselten, kurz bevor Mila anfing zu lachen. Ihre Wimpern waren nass und ihre Augenlider zuckten, als würde sie träumen.

Das Kleid aus Schaum bedeckte nur spärlich ihre schmalen Schultern. Um den Hals trug sie ein Lederband. Mein Blick wanderte hinunter. Daran hing ein silbergrauer Anhänger, eine alte Münze. Ich konnte nicht erkennen, was darin eingeprägt war. Mein Blick wanderte weiter. Durch den Schaum konnte ich die Wölbungen ihrer Brüste erahnen. Ich schloss die Augen. Ich wollte sie nicht heimlich ansehen. Vorsichtig lehnte ich mich zurück, damit das Wasser nicht überschwappte. So lagen wir eine Weile da. Ganz still. Der Schaum knisterte.

»Was ist denn das?«

Ich öffnete die Augen. Mila hatte sich aufgerichtet und sah mich an. Ihr Schaumkleid war verrutscht. Ihre Brüste waren ganz nackt. Dann beugte sie sich vor und wischte mir mit den Fingerspitzen behutsam den Schaum vom Dekolleté.

»Oh … das … das ist eine Elfe. Hässlich, ich weiß, ich …«

»Mit einem Flügel? Ist sie noch nicht fertig?« Mila legte den Kopf schräg und betrachtete meine Elfe ungeniert. Ich hörte wieder den Schaum knistern, der sich unaufhaltsam auflöste.

»Doch … das … das war …«, stammelte ich.

Ich bekam heiße Wangen, als sie mich so ansah. Vielleicht, weil die Elfe nicht hübsch war, vielleicht, weil Milas Blick auf meiner nackten Haut so kribbelte und ich den Drang verspürte, sie zu berühren. Ich bedeckte die Elfe mit der Hand. »Das ist eine lange Geschichte.«

»Erzählst du sie mir?«

»Lieber nicht.«

»Na gut.« Mila lehnte sich wieder zurück und schloss die Augen.

Mein Herzschlag war so heftig, dass ich Angst hatte, er könnte in kleinen Wellen zu ihr hinüberschwappen. Und die Stelle, an der sie mich berührt hatte, wollte einfach nicht aufhören zu kribbeln.

Über den dicken Teppich ranken Kabel. An den Wänden: Eierschachteln. An der Decke: Eierschachteln. Ein paar sind silbern angemalt. Kein Fenster. Die einzige Lichtquelle ist eine alte Stehlampe mit großem orangefarbenem Schirm. So eine ähnliche hatte Babulja auch. Mit rotem Stickmuster.

Meine Ohren sind schon ganz heiß. Ich höre mich selbst atmen. Über die Kopfhörer schickt Linus eine leise Melodie zu mir herüber, irgendwelche elektronischen Sounds, vorhin sind sie in bunten Linien über den Monitor gezuckt, es sah aus wie beim Arzt. Jeder Sound hat seine eigene Linie, man kann sie beliebig kombinieren, verschieben, verfremden. Linus hat es mir gezeigt. Die Linien sind seine Musik. Meine Stimme wird auch so eine Linie. Aber davon verstehe ich nichts.

Linus' Stimme ertönt über den Kopfhörer. Er will, dass ich mal was singe.

Ich sage vorsichtig: »Hallo, Linus.« Meine Stimme klingt seltsam über Kopfhörer – so tief, so klar, so nah, ich spüre meine Worte nicht mehr zuerst im Hals und dann auf den Lippen, sondern direkt in meinem Kopf. Zum ersten Mal habe ich das Gefühl, meine Stimme nicht zu beherrschen. Ich merke, was für ein schwieriges Instrument sie ist, als hätte sie hundert Saiten.

»Sing mal was, und danach schauen wir, wie laut du den Sound brauchst.«

Ich beginne leise zu summen. Dann ein wenig lauter. Ich schließe die Augen und werde sicherer. Mein Instrument beginnt mir zu gehorchen, aber in dieser absoluten Stille klingt es trotzdem fremd. Die Eierschachteln schirmen alles ab, mich vor der Welt, die Welt vor mir. Nicht das leiseste Rauschen, Knistern, Knacken, kein Gemurmel, keine Pfiffe, keine zerschellenden Glasflaschen. Bei den Aufnahmen mit Sokoly im Proberaum ist immer etwas zu Bruch gegangen. Oder jemand kam zur Tür rein oder warf den Mikrofonständer um oder es gab irgendeine gigantische Rückkopplung. Auf einer Aufnahme hörte man am Ende eines Liedes sogar die Vögel zwitschern. Es war morgens um fünf. Manchmal hatten wir einfach die Zeit vergessen.

Aber war meine Stimme schon jemals das einzige Geräusch auf der Welt gewesen?

Es war unmöglich, in dieser S-Bahn auch nur einen einzigen klaren Gedanken zu fassen. Das Buch auf meinem Schoß, nach Aussage meines Lieblingsdozenten Matuschke Pflichtlektüre für jeden Soziologen, war ganz sicher nicht in öffentlichen Verkehrsmitteln geschrieben worden. Durch das gekippte Fenster schräg über mir wehte etwas herein, was alles Mögliche, nur keinen Sauerstoff enthielt, und eine Reihe vor mir brüllte ein Baby, wahrscheinlich bekam es gerade Zähne. Der Lautstärke seines Geplärrs nach zu urteilen mindestens fünf pro Haltestelle. Mein Sitznachbar, ein älterer Herr mit krausem, grauem Haar, war ohne jeden Zweifel schon vor Längerem an den Grundregeln des menschlichen Zusammenlebens gescheitert. Zumindest trug er bei kuscheligen 20 Grad einen löchrigen schwarzen Trenchcoat, war geschminkt wie Batmans Joker und versuchte, sein Gegenüber in ein Gespräch über potenzsteigernde Mittel zu verwickeln – was ihm nicht gelang. Was Pierre Bourdieu, der Autor meines Buches, ihn wohl gefragt hätte? Ich hatte ja gelernt, dass ich als Soziologin jedem Menschen mit herzlicher Neugier und Unvoreingenommenheit begegnen sollte. Manchmal überforderte mich diese Aufgabe.

Ich stopfte das schlaue Buch zurück in meine Tasche und dachte darüber nach, dem Chefredakteur unserer Uni-Zeitung eine monatliche Kolumne über meine S-Bahn-Linie vorzuschlagen. Die Redaktion brauchte dringend Verstärkung, hatte sie jedenfalls in einer der letzten Ausgaben behauptet. Vielleicht brauchten die ja sogar dringend ein Landei?

Mila?!, dachte ich plötzlich. Stand da nicht Mila? Die S-Bahn hielt und mein Herzschlag setzte für ein paar Sekunden aus. Mir wurde eiskalt und dann wieder ganz warm. Eine leuchtend gelbe Tasche brannte sich in meine Netzhaut. Diese Tasche! Hatte ich nicht genau so eine Tasche schon mal an Mila gesehen? Das dunkelhaarige Mädchen verschwand hinter einem Fahrplanständer und ich sah nur noch seine Schuhe. Ich starrte aus dem Fenster. Blau, dachte ich plötzlich. Blaue Schuhe! Dann stiegen die Leute aus und ein und ich verlor sie aus den Augen.

»Einsteigen bitte. Zurückbleiben bitte.«

Die Türen fingen an zu lärmen und zu blinken. Auch in mir begann alles zu lärmen und zu blinken. In letzter Sekunde sprang ich auf und quetschte mich durch die sich schließenden Türen nach draußen. Am Bahnsteig rannte ich fast ein Kind mit Roller über den Haufen. Ich drängelte mich weiter durch zu den Fahrplänen und blieb wie angewurzelt stehen. Alle Geräusche – das pöbelnde Kind, die davonfahrende S-Bahn –, alle Bewegungen um mich herum verschwammen, nur dieses Mädchen, das die Abfahrtzeiten studierte, wurde gestochen scharf: dunkle Locken, braune Trainingsjacke, die gelbe Tasche, auf der ein rotes Ampelmännchen leuchtete. Ich wusste es längst und trotzdem sah ich auf seine Turnschuhe, die bei näherem Hinsehen gar nicht mehr blau waren, sondern türkis: Das waren nicht Milas Schuhe. Das war nicht Mila.

Ich spürte das Gewicht in meiner Tasche, das schlaue Buch, einen Kaktusstachel in der Brust. Willenlos ließ ich mich von den Leuten weiterschieben, die von der Rolltreppe in Scharen auf den Bahnsteig strömten.

So heftig wie seit Wochen nicht mehr fühlte ich unter all diesen Menschen Milas Abwesenheit. Ich fühlte wieder die dumpfe Enttäuschung, die brennende Scham. Meine Erwartungen hatte dieses Mädchen zerplatzen lassen wie Seifenblasen und war selbst die größte unter ihnen: schön, schillernd, zur Explosion bereit oder zum lautlosen Davonschweben. Mila hatte sich mal wieder fürs Davonschweben entschieden.

Jeden Tag, an dem ich sie nicht gesehen hatte, war mir eine Erinnerung an sie verloren gegangen. Inzwischen waren die Bilder von ihr in meinem Kopf zu einem spärlichen Häuflein zusammengeschrumpft. Obenauf lag immer noch mein Lieblingsbild: Mila mit einem roten Badetuch auf dem Kopf, friedlich schaukelnd in meiner Hängematte. Eine halbe Stunde später war sie gegangen und einfach nicht mehr zurückgekommen.

Keine Ahnung, was ich an diesem Abend vor zwei Monaten falsch gemacht hatte. Vielleicht nichts.

Ich setzte mich auf eine Bank und beobachtete die Leute, ohne mich wirklich für sie zu interessieren. Mir fielen lediglich ihre farbenfrohen Hemden, Kleider und Röcke auf. Die tristesten Fasern trieben an diesem Tag bunte Blüten. Der

Frühling war da. Die Aprilsonne stimmte die Gemüter versöhnlich, sogar hier am Gesundbrunnen, dem zweittrostlosesten Bahnhof, den ich kannte. Es war ein schöner Nachmittag.

In die dritte S-Bahn stieg ich ein. Es war wieder sehr heiß, aber still. Niemand bekam Zähne. Auch wenn es sich für den Rest der Strecke fast nicht mehr lohnte, holte ich noch einmal das Buch hervor. Sein bloßes Gewicht und seine vergilbten Seiten beruhigten mich. Die vielen klugen Dinge, die dort geschrieben standen, konnten nicht weglaufen, sie würden auf mich warten. Ich schlug das Buch bei dem Kapitel auf, das Matuschke uns an diesem Morgen zum Einstieg empfohlen hatte. Darin ging es um Essgewohnheiten und darum, was sie über den Menschen verraten.

Mein Vater mochte keinen Fisch. Im Teich – ja –, aber nicht auf dem Teller. Bourdieu war zu dem Schluss gekommen, dass das an den Gräten lag. Einen Fisch zu verzehren, ist unmännlich, weil man ihn nicht wie ein Räuberhauptmann genüsslich herunterschlingen kann. Fisch muss man langsam im Mund aufweichen, weil sich sonst womöglich eine Gräte in der Speiseröhre verhakt und einen umbringt, wenn man Pech hat. Mehr als dreimal kauen mochte also gut für die Verdauung sein, war aber nur was für Mädchen. In den sieben Tagen, die ich während der Semesterferien im Haus meiner Eltern verbracht hatte, gab es kein einziges Mal Fisch.

Mein Vater lebte inzwischen in einer Wohnung in der Stadt. Er kam jetzt nur noch am Wochenende oder auch jedes zweite, um meiner Mutter mit dem Haus zu helfen. Er kümmerte sich um die Elektrik und den Rasen und die Fische.

Ich verstand nicht, warum sie sich diesen Riesenklotz immer noch freiwillig ans Bein banden, anstatt beide wegzuziehen und ein neues Leben zu beginnen. Für mich waren meine Eltern schon lange kein Paar mehr und daran änderte auch das blöde Haus nichts. Meine Mutter erklärte mir, dass das Haus gerade erst abgezahlt war und wie viel Arbeit und Erinnerungen darin steckten, und überhaupt könnte das Haus schon in ein paar Jahren ein Vielfaches wert sein. Ich glaube, sie hoffte immer noch darauf, dass mein Vater eines Tages zu ihr zurückkommen würde, nicht nur um Glühbirnen zu wechseln. Wenn ich meinem Vater in die Augen sah, wusste ich, dass meine Mutter sich da lieber keine allzu großen Hoffnungen machen sollte.

Dennoch war ich weit davon entfernt, mich auf ihre Seite zu schlagen. Dafür hätte sie erst mal aufhören müssen, mich wie ein Kleinkind zu behandeln. Sie schaffte es ja noch nicht einmal anzuklopfen, bevor sie in mein Zimmer kam. Und wenn ich im Haus irgendwelche Sachen rumliegen ließ, sammelte sie sie ein und legte sie auf einen Stapel. Als würde ich immer noch mit Bauklötzen spielen, die alle in die große, rote Holzkiste gehörten.

Den Umstand, dass ich seit einem halben Jahr mein eigenes Leben führte, schien sie nicht zur Kenntnis zu nehmen. Vielleicht war der Gedanke, dass auch ich sie nicht mehr so brauchte wie früher, einfach zu schmerzlich für sie. Wenn ich ihr doch einmal etwas von der Uni oder meiner WG erzählte, erntete ich ihr mildes, wissendes Lächeln. Keine Ahnung, was passieren musste, damit sie mich endlich ernst nahm. Mila erwähnte ich natürlich mit keiner Silbe.

Hannah hätte ich gern wiedergesehen, aber Hannah war nicht da. Wenn ich das vorher gewusst hätte, hätte ich mir eine andere Ferienwoche für meinen Besuch ausgesucht. Aber Hannah hatte weder auf meine Mails noch auf meine Anrufe reagiert und so war ich eben auf gut Glück gefahren.

Durch Zufall traf ich ihre Schwester im Supermarkt. Sie sagte mir, dass Hannah in Irland sei. Mit ihrem neuen Freund. Früher war es mal unser Plan gewesen, zusammen nach Irland zu fliegen und mit Fahrrad und Zelt an der Westküste rumzufahren. Hannah wollte unbedingt einmal an den *Cliffs of Moher* liegen und in den Atlantik spucken. Ich wollte ein Schaf entführen. Wir hatten so einiges verpasst.

Nach einer Woche fuhr mich mein Vater wieder zum Bahnhof. Seltsam, im Auto roch es wie früher. Nach Klimaanlage und Keksen und Papas herbem Parfüm. Nach Sommerferien. Meine Mutter stand an der Haustür und winkte.

Ich war so froh, als ich wieder in Berlin war. Ich freute mich sogar auf Theo und auf Achims stinkige Kneipe.

Die Hoffnung auf ein Lebenszeichen von Mila schwand mit jedem Tag und schließlich hatte ich sie so gut wie aufgegeben. Zumindest fragte ich mich nicht mehr ständig, wo Mila war und warum sie sich nicht meldete. Bis vor einer Stunde. Seit ich das fremde Mädchen am Bahnsteig gesehen hatte, war Mila wieder in meinem Kopf und mit ihr all die bohrenden Fragen.

Ich wäre nicht überrascht gewesen, wenn es den Kulturverein gar nicht gegeben hätte, der Mila angeblich engagiert hatte. Ich wusste einfach nicht mehr, was ich von diesem Mädchen halten sollte. Theo hatte mir Milas Nummer gegeben, aber ans Telefon ging sie nicht. Zumindest in diesem Punkt verhielt sich Mila mal meinen Erwartungen entsprechend. Die Adresse ihrer WG kannte ich auch nicht und im Gegensatz zu Mimi verewigte Mila ihr Leben nicht auf irgendwelchen Internetseiten. Der Verein war somit die einzige Spur, die sie mir hinterlassen hatte, und ich konnte mir beim besten Willen nicht vorstellen, dass sie mich tatsächlich zu ihr führen würde. War das nicht viel zu einfach? Aber es gab ihn – den Verein, und ich musste noch nicht mal besonders lange danach googeln. Mein Plan kam mir ein wenig verwegen vor und ich fühlte mich wie eine armselige Spionin. Dennoch griff ich zum Telefon und wählte die Nummer, die auf der Homepage angegeben war.

Nach langem Klingeln ging tatsächlich jemand ran. Die Frau am anderen Ende der Leitung klang überrascht, als ich mich nach Mila erkundigte und nach der WG, in der sie angeblich wohnte. Dann fragte sie mich, was ich denn mit Mila zu tun habe und was ich von ihr wolle. Die Skepsis in ihrer Stimme war nicht zu überhören. Aber das war mir egal. Sie kannte Mila und allein diese Tatsache löste eine Welle der Erleichterung in mir aus. Allmählich war es mir nämlich so vorgekommen, als wäre ich einem Phantom hinterhergejagt.

Ich erzählte der Frau, dass ich eine Freundin von Mila sei und sie dringend sprechen müsse, woraufhin sie sich meinen Namen notierte.

Nach einigem Betteln meinerseits und Zettelrascheln am anderen Ende rückte die Frau eine Telefonnummer raus. Sie gehörte einem WG-Bewohner namens Andreas, der mir vielleicht weiterhelfen konnte.

Mein Herz raste. Der Notizblock mit der Nummer lag vor mir auf dem Tisch, doch mein Enthusiasmus hatte mich verlassen. Dabei war ich vielleicht nur noch einen Anruf von Mila entfernt. Ausgerechnet jetzt überkamen mich Zweifel, ob es wirklich so klug war, ihr hinterherzutelefonieren. Und auch mein gekränkter Stolz meldete sich zu Wort. Wieder lärmte und blinkte es in meinem Kopf. Meine Güte! Es war doch nur *ein* Anruf!

Am Ende siegte weniger der Heldenmut als die plumpe Neugier. Ich atmete tief durch und griff zum Hörer.

Es klingelte, dann hatte ich Andreas am Apparat. Er klang ziemlich verschlafen. Fauler Hippie, dachte ich spöttisch, und auf das Stichwort Mila folgte erst mal Schweigen.

»Hallo? Bist du noch dran?«, fragte ich verunsichert. Da hörte ich Andreas schnaufen. »Was willste denn von der?«

»Ich bin eine Freundin und ich mache mir ein bisschen Sorgen, weil ... weil sie sich so lange nicht gemeldet hat.«

»Die wohnt schon ewig nich mehr hier.«

»Seit wann?«

»Seit ... Februar? Hm ... ja ... das kommt hin.«

»Und kannst du mir sagen, wo ich sie jetzt finde?«

»Moskau? Nowosibirsk? Was weiß ich, wo die sich rumtreibt.«

»Aber ... meinst du ... Soll das heißen, Mila ist gar nicht mehr in Deutschland?«

»Mann, woher soll ich das wissen? Ihr Visum müsste jedenfalls abgelaufen sein. Das war ja nur für drei Monate. Also schätze ich mal, dass sie wieder rüber is. Na ja, obwohl ... Der is eigentlich alles zuzutrauen.«

»Was meinst du damit?«

»Bist du schwer von Begriff oder so?«

»Hat sie euch denn nicht gesagt, was sie vorhat?«

»Klar hat sie das! Ungefähr zehnmal am Tag. Sängerin wird sie, eine ganz große Künstlerin. Eine *Ausnahme*künstlerin. Scheiße, wie ich dieses Gelaber satthatte.«

»Klingt so, als hättet ihr euch nicht besonders gut verstanden?«

»Tja, ich steh nun mal nich so drauf, wenn man meine Leute von heute auf morgen hängen lässt, ohne 'n Piep zu sagen.«

Ich schluckte.

»Um allen Scheiß haben wir uns gekümmert, damit Madame sich hier wohlfühlt – Zimmer, Handy, sogar 'nen alten Laptop haben wir ihr besorgt, damit sie scypen kann, falls das Heimweh zu groß wird. Mann, sie hatte es uns zu verdanken, dass sie überhaupt herkommen durfte. Das kleine Wunderkind. Teilt sich die Bühne wohl nich gerne mit andern Kindern. Tja, das hätte sie sich mal vorher überlegen sollen. Is halt noch'n kleines Mädchen. Ich hab von Anfang an gesagt, dass das 'ne Scheißidee is. Als hätten wir hier keine guten Sängerinnen. Aber Werner hat drauf bestanden. Mila oder keine.«

»Werner?«

»Unser Vorstand.«

»Ach.«

»Der hat Mila bei 'nem Festival getroffen. Muss 'n ziemlichen Eindruck auf ihn gemacht haben, die kleine Ratte. Was weiß ich. Aber uns ging's am Anfang ja genauso. Bis sie hier eingezogen is.«

»Hm ... krass ...«

»Wieso krass? Sag mal, reden wir von derselben Mila? Wenn du ihre Freundin bist, musst du doch wissen, wie sie drauf is.«

»Glaub schon ...«

»Wie war noch mal dein Name?«

»Rike.«

»Nie gehört.«

Da war er wieder, der Kaktusstachel. »Und du hast echt keine Idee, wo Mila hinwollte oder was sie für Pläne hatte?«, fragte ich noch einmal.

»Mir hat sie's jedenfalls nich verraten. Wobei, sie hat mal so 'nen Typ erwähnt, kurz bevor sie abgehauen ist. Der wollte wohl Aufnahmen mit ihr machen. Keine Ahnung, was er ihr sonst noch versprochen hat. Hier rennt doch jeder Zweite rum und nennt sich Produzent, das kannst du alles vergessen. Aber weißt du was? Is mir auch egal. Von mir aus soll sie den Rentieren in Sibirien was vorsingen.«

»Tja, dann ...«, krächzte ich. Ich hatte mit so einigem gerechnet, aber mit so einem Gespräch ganz sicher nicht.

»Soll ich dir noch 'n Tipp geben?«

»Ja?«

»Vergiss sie einfach.«

Wenn das mal so leicht gewesen wäre! Ich konnte an

nichts anderes mehr denken. Und ich war hin- und hergerissen zwischen großer Sorge und großer Enttäuschung.

Falls es stimmte, dass Mila seit November in Deutschland war, so wie sie behauptet hatte, und falls stimmte, was Andreas mir erzählt hatte, dann musste Milas Visum ja schon irgendwann im Februar ausgelaufen sein. War der gemeinsame Abend am Valentinstag vielleicht ihre Art gewesen, sich von mir zu verabschieden?

Ganz gleich, was dahintersteckte, irgendwie war ich da in eine komische Geschichte hineingeraten. Was hätte ich denn besser finden sollen? Dass Mila wieder in Russland war, ohne mir was zu sagen, oder dass sie irgendwo ohne gültige Papiere durch Berlin strolchte? Außerdem kam ich mir total dämlich vor, weil ich bis heute keine Sekunde darüber nachgedacht hatte, dass Mila womöglich ein befristetes Visum hatte, um hier zu sein. Okay, ich hatte mich mit diesem Thema bisher nie beschäftigt und außerdem wäre ich nicht im Traum auf die Idee gekommen, dass Mila vielleicht gar kein Recht hatte, hier zu sein, oder gegen irgendein Gesetz verstieß. Es war mir so selbstverständlich erschienen, dass sie hier war – und ihr doch auch.

Wenn ich auch nicht viel über Mila wusste, so ahnte ich doch, dass sie zumindest nicht nach Rostow zurückgegangen war. Ich erinnerte mich, wie barsch sie auf meine Nachfragen reagiert hatte, wenn es um ihre Heimatstadt ging. Sie hätte nie dorthin zurückgewollt, jedenfalls nicht jetzt. Aber vielleicht war sie ja woanders hingezogen?

So schwer es mir auch fiel und ganz gleich, wie aufgewühlt ich war, ich musste einsehen, dass meine Überlegungen nirgendwohin führten. Mir blieb nichts anderes übrig, als abzuwarten, genau wie die letzten zwei Monate. Wer weiß, vielleicht bekam ich ja irgendwann mal eine Postkarte mit einem Rentier drauf.

Mila, Mila, duscha moja, *nichts passiert. Alles gut. Nicht stehen bleiben. Nicht umdrehen. Er folgt dir nicht. Kann er gar nicht. Dein Tritt war fest und genau.*

Wohin denn jetzt?

Unwichtig. Einfach laufen, den warmen Abendwind spüren und hören. Wieder alles hören. Hörst du? Alles ist Musik.

Wsjo budjet choroscho.

Ja, alles wird gut.

Ich summe das Lied von den Kirschen. Das Beben in meinem Hals tut gut. Ich lasse mich ins Gras fallen, es war auf einmal da. Ich reiße ein Büschel aus. Es quietscht. Grüner Saft. Grüne Seife.

Meine Hände zittern. Meine Wange brennt.

Ich bekam keine Postkarte. Ich bekam Besuch. Als Mila zwei Wochen später bei uns auftauchte, wusste ich nicht, ob ich sie umarmen oder ihr die Tür mit Schwung vor der Nase zuschlagen sollte.

»Hallo, Rike.«

»Hallo.«

»Ich weiß, ist schon spät. Kann ich vielleicht reinkommen?«

»Wie bitte?«

»Hab hier in der Gegend gespielt … ich dachte, ich sage mal Hallo …«

»Mila, so läuft das nicht!«

»Was?«

»Ich hab mir Sorgen gemacht!«

»Sorgen? Warum denn?«

»Sag mal, geht's noch? Ich warte seit Wochen darauf, dass du dich mal meldest, ich hab tausendmal bei dir angerufen und dann tauchst du einfach auf und tust so, als wär nix gewesen?«

»Ich hab kein Guthaben mehr auf dem Handy.«

»Du weißt, wo du mich findest.«

»Ich hatte viel zu tun.«

»Schön für dich.«

»Gut, ich verstehe. War eine blöde Idee, hierherzukommen.« Mila machte auf dem Absatz kehrt, wobei sie leicht ins Schwanken geriet. Sie war ziemlich bepackt. Mit ihrer Tasche, einem großen Rucksack und Werner beladen stieg sie schaukelnd die knarrenden Stufen hinunter.

»Mila … Mila, jetzt warte doch mal!«

Mila blieb stehen.

»So hab ich das doch nicht gemeint.«

Mila lag in meiner Hängematte und schaute aus dem Fenster. Es war mir nicht recht, dass sie es sich gleich so gemütlich bei mir machte, kaum dass sie ihr Gepäck abgestellt hatte. Aber irgendwie wirkte sie auch erschöpft und müde, darum ließ ich sie. Ich setzte mich auf den Boden neben ihre Sachen und schaute sie erwartungsvoll an.

»Fledermäuse.«

»Was?«

»In eurem Hinterhof wohnen zwei Fledermäuse. Wusstest du, dass die Glück bringen? In Südamerika …«

»Mila, ich will mich mit dir jetzt nicht über Fledermäuse unterhalten.«

Mila verstummte. Ich dachte, dass sie nun endlich anfangen würde, mich in zwei bis drei ihrer Millionen Geheimnisse einzuweihen, aber ich wartete umsonst. Mila starrte einfach weiter in die Bäume im Hinterhof. Die Zweige der Birken sahen in der Dämmerung fast schwarz aus.

»Ich hab mit Andreas telefoniert«, begann ich.

»Dann weißt du ja Bescheid«, sagte sie bloß.

Ein dumpfer Schmerz fuhr mir durch den Magen. *Der is eigentlich alles zuzutrauen*, hallten die Worte in meinem Kopf.

Andreas hatte also Recht gehabt.

»Willst du mir nicht mal erzählen, was los ist?«, fragte ich sanfter.

Mila wollte nicht.

»Wo warst du die ganze Zeit?«, versuchte ich es noch einmal. »Und ... und wieso bist du überhaupt noch hier?«

Ich bekam keine Antwort. Für einen Moment dachte ich, Mila wäre eingeschlafen, doch als ich mich streckte, konnte ich erkennen, dass ihre Augen offen waren. Aber sie rührte sich nicht. Sie zwinkerte nicht einmal.

»Hast du denn keine Angst, dass sie dich erwischen?«, fragte ich leise.

Mila schüttelte den Kopf.

Mein Magen brannte. Ich wusste nicht, was ich tun sollte.

Ich starrte Mila an, die reglos in meiner Hängematte lag wie eine große Puppe. Die vollkommene Ruhe, die sie ausstrahlte, machte mir Angst.

»Kann ich heute Nacht hierbleiben?«, fragte sie.

Ihr Bett ist ein schönes Versteck. Es riecht selbst gebaut. Mit der Fußspitze taste ich nach den Holzstreben. Sie sind rau. Ich erfühle eine kühle große Schraube.

Ich wollte im Schlafsack schlafen. Sie ließ mich nicht. Nun liege ich unter einer weichen Decke in einem Meer aus kleinen Blumen. Sie duften nach zu viel Waschmittel.

Eine kleine Lampe brennt und summt. Sie liest neben mir. Sie versucht, die Seiten sehr leise umzublättern. Sie denkt, ich schlafe. Das Rascheln beruhigt mich.

Früher hat Mamotschka mir zum Einschlafen immer vorgelesen. Aus Kolobok. *Als ich lesen konnte, haben wir getauscht. Ich habe ihr Märchen vorgelesen und sie ist an meinem Bett eingeschlafen. Ich kam mir sehr erwachsen vor.*

Das Fenster steht offen. Es ist warm. Ich höre Bässe. Irgendwo spielt Musik.

In der Stille reißt ein Sturm die Gedanken fort. Hinab in einen bösen, dunklen, stillen See. Darin lebt nichts. Auf dem Grund treibt ein totes Gewächs aus dürren schwarzen Schlingen.

Aus einer Nacht wurden zwei, drei, vier. Ich hörte auf zu zählen. Und ich überließ Mila irgendwann mit Theos brummigem Einverständnis unseren dritten Haustürschlüssel. Theo war kaum noch da. Ich wusste, dass zwischen seiner Ab- und Milas Anwesenheit ein Zusammenhang bestand, wollte dem Ganzen aber nicht weiter nachgehen.

Theo ließ Mila bei uns wohnen – denn genau genommen tat sie das ja – und das war für mich die Hauptsache. Und er stellte keine Fragen, was mindestens genauso wichtig war, denn Mila hatte mir ein stattliches Versprechen abgerungen: Theo nicht zu verraten, dass er ein Mädchen beherbergte, das eigentlich gar nicht mehr hier sein durfte.

Ich fragte mich oft, ob es richtig war, was ich tat, und wie ich die ständige Sorge abschütteln konnte.

Es war nicht allein der Gedanke daran, dass die Polizei Mila vielleicht erwischen könnte, der mir Kopfzerbrechen bereitete, es war auch der Nachgeschmack jenes Abends, an dem sie zurückgekommen war, der mich immer wieder einholte.

Mila hatte anders gewirkt, irgendwie traurig. Und natürlich wollte sie nicht mit mir darüber sprechen. Ich musste also hinnehmen, dass mit Mila auch jede Menge neuer Geheimnisse bei mir einzogen.

Aber Mila blühte schnell wieder auf. Im Gegensatz zu mir wurde sie von Tag zu Tag unbeschwerter, vielleicht war sie auch einfach eine grandiose Schauspielerin. Ich gewöhnte mich allmählich an meine innere Unruhe und nahm sie irgendwann kaum noch wahr. Außerdem gefiel ich mir in der Rolle der Mitverschwörerin.

Ich war heilfroh, dass Mila mich überredet hatte, meinen Schlafsack einzupacken. Ich lag neben ihr in einem Liegestuhl unter freiem Himmel und stopfte Popcorn in mich hinein. Freiluftkino und *Tarantino* waren meine Idee gewesen, aber ohne meinen dicken Schlafsack wäre ich wahrscheinlich spätestens nach dem Vorspann erfroren. Meine grüne Fleecedecke mit Schäfchen und Kleeblättern drauf hatte ich mir auch umgewickelt. Hannah hatte sie mir geschickt. Es waren irische Schäfchen, »selbst entführt von Hannah Grabowski«, wie die beiliegende Karte mir mitteilte. Vielleicht hatte ich ja doch noch eine beste Freundin.

Mila schlürfte neben mir lautstark ihre Holunderlimonade. Sie hatte sich den Schlafsack bis zum Kinn gezogen und über die Ohren ihre rote Wollmütze, für die ich sie erst ausgelacht hatte und um die ich sie jetzt beneidete. Auf ihrem Bauch lag eine Papiertüte mit Lakritzschnecken und Gummitierchen, die Hälfte hatte sie schon um ihren Liegestuhl verstreut. Mindestens eine Viertelstunde hatte Mila im Laden gebraucht, um sich endlich für ein paar gelbe und rote Dinosaurier, Ringelwürmer, Colafläschchen, saure Kirschen und eine Handvoll Lakritzschnecken zu entscheiden. Strahlend vor Stolz ging sie schließlich mit ihrer Tüte zur Kasse, aber der Verkäufer verzog keine Miene. Ich musste schmunzeln, als ich daran dachte. Jetzt wickelte Mila versonnen eine ihrer Lakritzschnecken auf – das Ding war bestimmt einen halben Meter lang – und steckte sich ein Ende in den Mund.

Ich ließ meinen Blick über die Reihen von Liegestühlen wandern, in denen leise schwatzend die Kinobesucher saßen, wie wir in Decken und Schlafsäcke gehüllt, lauter kleine Raupen. Dahinter erhob sich die Fassade eines großen Backsteingebäudes, das von Scheinwerfern angestrahlt wurde. Ich sah zum Himmel. Kein Wölkchen war zu sehen, dafür die ersten Sterne und ein zierlicher Junimond. Die riesige Leinwand flatterte leicht in der Abendbrise. Alles war perfekt. Nur das Popcorn war ein bisschen zu süß.

Nach dem Film wäre ich am liebsten im Schlafsack zur U-Bahn gehüpft. Fröstelnd schlüpfte ich aus meinem warmen Kokon, stopfte ihn zurück in seine Hülle, die Schafe zurück in die Tasche und stakste mit meinem Liegestuhl unterm Arm zu dem Container, der für die Stühle bereitstand. Dort wartete ich dann auf Mila, die in aller Seelenruhe ihre Lakritzschnecken und mein Popcorn aus der Wiese zupfte und in die Papiertüte warf.

Wir ließen das Backsteingebäude hinter uns und bogen in die Straße Richtung U-Bahn ein. Genau in diesem Moment schien jemand den Lautstärkeregler der Stadt wieder aufzudrehen. Plötzlich wimmelte es von Leuten, von bunt erleuchtenden Bars, Imbissbuden, Autos. Die Straße schlug eine blinkende, pulsierende Schneise durch die Nacht. In meinem Liegestuhl hatte ich fast vergessen, wo ich war.

Ich freute mich auf die muffigen U-Bahn-Schächte am Kottbusser Tor und sogar auf einen schlecht riechenden gelben Waggon. Da drin war es wenigstens warm. Doch auf dem Weg dorthin entdeckte ich etwas viel Besseres. Zuerst hatte ich nur den Klang mehrerer Instrumente vernommen, dann sah ich hinter einer Hecke ein Lagerfeuer. Wir liefen langsamer und spähten durch die Zweige auf eine Wiese oder einen winzigen Park. Ich erkannte die Silhouetten mehrerer Leute, die um das Feuer herum standen oder saßen. Hinter ihnen stiegen Funken in den Himmel.

»Bestimmt 'ne Privatparty, was meinst du?«, fragte ich Mila und hielt sehnsüchtig Ausschau nach dem Feuer.

»Glaub ich nicht, los komm, lass uns nachsehen.« Mila griff nach dem Ärmel meiner Jacke und zog mich einfach hinter sich her.

Ein paar Meter weiter öffnete sich ein Durchgang in der Hecke, na ja, eher ein schwarzes Loch. Mila krabbelte, ohne zu zögern, hinein. Ich folgte ihr stolpernd und mit vorgehaltener Hand, damit die Zweige mir nicht das Gesicht zerkratzten.

Auf der anderen Seite war eine bucklige Wiese und vor uns inmitten einer kleinen Insel aus Sand brannte das Lagerfeuer. Eine Insel ohne Meer, aber das sanfte Gebrumm der Hauptstraße, das sich unter die Musik mischte, konnte glatt als Meeresrauschen durchgehen. Diese Stadt war wirklich eine Aneinanderreihung von Paralleluniversen.

Mila und ich gingen näher heran, aber niemand nahm

Notiz von uns. Es waren vielleicht dreißig, vierzig Leute. Viele schienen sich gar nicht zu kennen.

Während die meisten Leute Hunderte Kilometer für einen Strandurlaub zurücklegten, fand der Sommer hier einfach so statt, auf ein paar Quadratmetern Sand hinter einer Hecke an der Adalbertstraße.

Ich setzte mich neben Mila auf einen Baumstamm und schaute ins Feuer. Mila schaute zu den Musikern. Es war nicht schwer zu erraten, was ihr durch den Kopf ging. Ihre Turnschuhe wippten bereits und ihre Augen hatten diesen eigentümlichen Glanz, den ich in den letzten Tagen und Wochen so oft gesehen hatte. Mila nahm mich immer häufiger mit auf Tour und ich begleitete sie gern. Auch wenn ich ihre Lieder inzwischen fast alle kannte, wurde es nie langweilig. Selbst wenn wir irgendwo ein zweites oder drittes Mal waren, konnte man nicht vorhersagen, auf welches Publikum wir trafen. Ich wusste aus dem *Delirium*, wie sehr sich die Montagstrinker zum Beispiel von den Freitagstrinkern unterschieden und dass die wenigsten von ihnen sich auch am Wochenende blicken ließen.

Mit ihrem Charme brachte Mila fast jeden Wirt dazu, sie spielen zu lassen. So erhielten wir selbst in den nobleren Schuppen Einlass, auch wenn dafür zunächst ein Türsteher bezirzt werden musste. Mila kannte keine Scheu, wurde nicht müde zu lächeln, zu flirten, höflich zu sein. Woher sie die Kraft nehme, jeden Abend aufs Neue loszuziehen, habe ich sie irgendwann mal gefragt. Woher sie die Kraft nehmen solle, es nicht zu tun, war ihre Antwort. Über das bisschen Kohle, was sie sich auf diese Weise Abend für Abend hart erarbeitete, redeten wir nie. Auch wenn ich mich schon manchmal fragte, was Mila eigentlich machen würde, wenn ich sie nicht bei mir schlafen ließe.

An schlafen dachte am Lagerfeuer niemand. Es kamen immer mehr Leute und auf dem Baumstamm wurde es allmählich eng. Ein Typ quetschte sich neben mich.

»Ma kucken, wann die Bullen diesma kommen«, sagte er und prostete mir zu.

Mir blieb fast das Herz stehen. »Die Bullen? Wieso?«

Er gluckste amüsiert. »Na ... wegen Ruhestörung und so. Das letzte Mal standen sie um eins auf der Matte, die Penner.«

Ich warf einen panischen Blick zu Mila, die immer noch die Instrumente anschmachtete, und zog hastig mein Handy aus der Tasche. Kurz vor halb eins. Der Sommer war vorbei.

»Mila ...« Ich zerrte an ihrem Ärmel. Mila reagierte nicht. Ich stieß sie an.

»Was denn?«, fragte sie abwesend.

»Mila, lass uns gehen.«

»Wieso denn, es ist doch gerade so schön.«

»Mila, bitte, lass uns gehen, ja?«

»Bist du müde?«

»Ja, sehr.«

»Dann geh doch schon mal vor. Ich bleibe noch ein bisschen, in Ordnung?«

»Nein ... ja ... ich meine, komm bitte mit, ja?«

»Was ist denn los?« Mila drehte sich zu mir und schaute mich verwundert an.

»Ich ... ich möchte einfach, dass du mitkommst, okay?«

Milas Augen funkelten, aber es war kein nettes Funkeln.

»Bitte, ich erklär es dir später.«

Ich redete gegen eine Mauer. Mila schüttelte bloß den Kopf und wandte sich ab.

Ich wollte nicht hysterisch sein. Vor allem wollte ich Mila nicht an unser Geheimnis erinnern. Ich hatte es selbst so gern vergessen wollen. Aber Mila ließ mir keine andere Wahl.

»Hier kommt gleich die Polizei«, zischte ich ihr zu.

Mila reagierte nicht.

Ich bohrte meine Schuhe in den Sand und rutschte unbehaglich auf dem Baumstamm hin und her. Ich wartete eine Weile, aber Mila starrte nur stur geradeaus. Dann stand ich auf.

»Mach doch, was du willst.«

Ich lief über die Wiese, so langsam ich konnte. Ich kroch durch die Büsche und sofort umfing mich Eiseskälte. Als ich endlich die hell erleuchtete Straße betrat, blieb ich kurz stehen und holte tief Luft. Dann ging ich zur U-Bahn.

Ich war ein paar Hundert Meter gegangen, als ich aus den Augenwinkeln sah, dass jemand neben mir lief.

»Rike, du schaust zu viele Krimis«, japste Mila und hakte sich bei mir unter.

Mila und ich taten so, als hätte der Kinoabend kein so abruptes Ende genommen. Wir redeten einfach nicht mehr darüber und ich versuchte, auch nicht mehr daran zu denken. Es gelang mir nicht oder nicht gut genug für Mila. Fast jeden Morgen, an dem ich zur Uni fuhr, verließ ich die Wohnung mit einem mulmigen Gefühl, und ich brachte es auch immer wieder mit nach Hause. Schlimmer wurde es an den Abenden, wenn Mila und ich unterwegs waren. Ich hätte mich am liebsten unsichtbar gemacht und versuchte, mit den Menschenmassen um mich herum zu verschmelzen, aber mit einem Mädchen wie Mila an der Seite war das ein vollkommen aussichtsloses Unterfangen. Wie eine Besessene hielt ich Ausschau nach Polizeistreifen, und wenn ein Polizeiauto an uns vorbeifuhr, stockte mir regelmäßig das Blut in den Adern. Die vermehrten nächtlichen Polizeipatrouillen an den S- und U-Bahnhöfen, die nach ein paar üblen Schlägereien eingeführt worden waren, verwandelten mich Abend für Abend in das reinste Nervenbündel. Ich hätte Mila am liebsten zehn Fahrscheine gekauft, wenn das irgendetwas genützt hätte. Aber selbst hundert Fahrscheine ergaben noch kein Visum.

Vielleicht überschätzte ich das Risiko. Bestimmt, ja. Wann war ich denn überhaupt das letzte Mal unverhofft nach meinem Ausweis gefragt worden? Vor zwei Jahren? Als ich eine Flasche Rotwein an der Tanke kaufen wollte? Mit sechzehn. Ungeschminkt. Danach hatten Hannah und ich uns tüchtig angemalt oder die Jungs von der Bushaltestelle vorgeschickt. Mit allen anderen Schikanen war zu rechnen gewesen. In Clubs durften wir nur bis Mitternacht, wenn überhaupt. Die kleine Kirche in unserem Ort ahndete gemütliches Beisammensein auf ihrer Wiese nach 22 Uhr Gerüchten zufolge mit einer Anzeige wegen Hausfriedensbruch. Notfalls konnte man sich aber auch mit 80 Euro freikaufen. Es war also wirklich kein Kunststück, nicht mit dem Gesetz in Konflikt zu geraten.

Trotzdem konnte ich einfach keinen kühlen Kopf bewahren und entzog mich der anstrengenden Situation auf meine Weise: Ich begann immer häufiger Ausreden zu erfinden, warum ich Mila nicht auf ihre Touren begleiten konnte. Mila durchschaute natürlich, dass weder eine Schicht im *Delirium* noch überwältigende Müdigkeit noch Menstruationsbeschwerden mich davon abhielten, mir mit ihr die Nächte um die Ohren zu schlagen.

Ich war nicht wirklich davon ausgegangen, dass Mila mir meine Ausflüchte auf Dauer abkaufen würde, aber etwas anderes hatte ich gehofft: dass sie zumindest versuchen würde, mich zu verstehen, und dass sie auf keinen Fall an meiner Loyalität oder meiner Zuneigung zweifeln würde.

Diese Hoffnung erfüllte sich nicht. Irgendwann schien allein mein Anblick Mila zu nerven. Als wäre ich eine feige Verräterin und als stünde mir auf der Stirn geschrieben, was sie offensichtlich nicht wahrhaben wollte: Ihr Traum war auf Sand gebaut. Wie sollte sie denn berühmt werden, wenn eigentlich niemand wissen durfte, dass es sie gab? Sie würde nie auf einer großen Bühne stehen, solange sie hier war. Es würden nur die kleinen Kneipen bleiben, in denen sie spielen durfte, oder die rauschenden Nächte, in denen sowieso niemand mehr so genau nachfragte, wer da eigentlich auf der Bühne stand. Aber Mila schien immer noch zu glauben, dass sie dieses Problem mit purer Willenskraft lösen konnte. Mein zweitgrößter Fehler war, dass ich genau das nicht glaubte.

Wenn ich mir also eingebildet hatte, in den vergangenen Monaten Milas Vertrauen gewonnen zu haben, so belehrte sie mich aufs Neue eines Besseren. Meine Freundin zog sich in ihr schillerndes Schneckenhaus zurück, *Betreten für Rike verboten*, und wurde wieder zu dem, was sie von Anfang an gewesen war: ein großes Geheimnis.

Eines Abends schlief sie neben mir ein, ohne dass wir am Tag ein einziges Wort gewechselt hatten. Mit stummem Vorwurf schnappte sie sich Rilkes Liebesgedichte von meinem Schreibtisch, fuhr mit den Fingerspitzen den Kaffeerand entlang und verzog dabei die Mundwinkel. Ich beobachtete sie vom Bett aus und bekam einen trockenen Hals. Sie kletterte die Leiter hoch, ich versteckte mich hinter meinem Buch. Das Buch war dick, aber viel zu klein, um mich restlos zu verbergen. Ich schielte über den Rand, Mila beachtete mich nicht. So lagen wir ein paar endlose Minuten nebeneinander, die Buchdeckel wie papierne Schutzschilde in Stellung gebracht. Es verletzte mich unglaublich, dieses Schweigen, und als ich das Licht ausknipste, sickerten Tränen in mein Kopfkissen.

Es ist nicht meine Schuld, dass sie nicht schlafen kann. Ich will mich nicht bei ihr dafür entschuldigen, dass es mich gibt. Sie wollte meine Geschichte unbedingt hören, ich habe sie ihr erzählt, und jetzt ist sie unglücklich, weil es keine lustige Gutenachtgeschichte geworden ist. Aber das Leben ist kein Märchenwald und ich bin kein singender Pfannkuchen wie Kolobok.

Es war wohl nur eine Frage der Zeit gewesen, bis passierte, was als Nächstes passierte. Trotzdem traf es mich wie ein Schlag in die Magengrube. Nachdem ich als Freundin unbrauchbar geworden war, suchte sich Mila einfach einen neuen Spielgefährten, und offensichtlich bedurfte es nur eines reizenden Augenaufschlags, um Theo aus seinem Schmollwinkel hervorzulocken.

Als ich eines Abends aus der Uni kam, hörte ich Gekicher aus Theos Zimmer. Ich dachte keine Sekunde daran, dass es Mila sein könnte, die mit Theo in friedlicher Eintracht auf dem Sofa hockte, aber dann erkannte ich ihre Stimme. In der Küche stand ein halb voller Topf mit Popcorn.

Später schlich sich Mila in mein dunkles Zimmer. Sie versuchte vergeblich, die knarrende Tür leise zu schließen, und dann patschten ihre nackten Füße über den Dielenboden. Als sie sich neben mich legte, atmete ich geräuschvoll ein und aus, damit sie nicht merkte, dass ich noch wach war. Sie raschelte mit der Bettdecke, warf sich ein paarmal hin und her, dann war es still. Sie roch nach Theo.

Ein paar Tage später entdeckte ich morgens zwei Konzerttickets an unserem Kühlschrank. Sie hingen zwischen dem

Flyer vom Pizzaservice, dem Flyer vom Thai-Imbiss, dem Flyer vom Libanesen und dem Putzplan, an den Theo und ich uns noch nie gehalten hatten.

Es waren Karten fürs *Lido*, die Band sagte mir nichts. Das Konzert fand an diesem Abend statt. Es war keine detektivische Meisterleistung, sich zusammenzureimen, für wen diese Karten bestimmt waren.

Am Abend waren die Karten weg, genau wie Mila und Theo. Ich packte kurz entschlossen eine Dose mit Erdbeeren und Bourdieu in meinen Rucksack, schnappte mir mein Fahrrad und fuhr in den Park. Es war noch hell und warm draußen – der längste Tag des Jahres. Ich ließ mir den weichen Fahrtwind um die Nase wehen und trat in die Pedale, so fest ich konnte. Sie hatten mich nicht mal gefragt, ob ich vielleicht mitkommen möchte.

In der Nacht wartete ich vergeblich auf Mila. Als ich morgens aufwachte, war der Platz neben mir noch frei, das Kopfkissen glatt und unbenutzt. Jeder, der schon mal verlassen wurde, weiß, wie sich der Anblick eines solchen Kissens anfühlt.

Mila und ich besprachen nur noch das Nötigste. Manchmal brauchte sie mein Fahrrad oder sie drängte mich zwischen Tür und Angel dazu, meinen Schwur zu erneuern, Theo nichts zu verraten. Ich gab ihr mein Versprechen, ich konnte nicht anders.

Theo und ich hatten schon vor Wochen aufgehört, ganze Sätze miteinander zu sprechen. Inzwischen kommunizierten wir wieder über Zettel wie am Anfang. Wenn wir uns dann doch mal in der Wohnung über den Weg liefen, kamen wir selten über ein Hallo hinaus. Und sobald Mila auftrat, nahm Theos Gesicht einen debilen Ausdruck an oder er bekam alberne rote Bäckchen, die nicht zu seinem Dreitagebart passten. Und eines Tages waren Milas Sachen aus meinem Zimmer verschwunden.

Es war mein Fehler, dass es überhaupt so weit gekommen war. Dass ich mich in meinen eigenen vier Wänden wie ein Störenfried fühlte, dass Mila jetzt bei Theo schlief und mich nicht mehr beachtete, mich offensichtlich nicht einmal mehr mochte, und dass ich am Ende die Dinge dachte, die ich dachte, und für die ich mich heute so sehr schäme, dass ich kaum Worte dafür finde.

Es war an einem Sonntag, an dem ich ins *Delirium* musste und meinen Fahrradschlüssel nicht finden konnte. Ich stellte hektisch mein halbes Zimmer auf den Kopf, fand alles Mögliche, sogar Druckerpatronen, nur keinen Schlüssel. Ich hatte noch weniger als eine Viertelstunde, bis meine Schicht begann, und auf Stress mit Achim hatte ich gerade absolut keinen Bock.

Dann fiel mir ein, dass Mila mein Fahrrad zuletzt gehabt hatte, und ich bekam Panik. Ich riss mein Fenster auf und beugte mich hinaus – mein Rad stand noch im Hof. Mila und Theo mussten die S-Bahn genommen haben, um an den See zu fahren. *An den See*, wiederholte ich in Gedanken spöttisch. Wahrscheinlich schipperte Theo seine Mila gerade in einem gelben Ruderboot übers Wasser, während sie ihre Blässe unter einem großen Strohhut verbarg und den Enten lachend Brotkrumen zuwarf.

Ich knallte mein Fenster zu und rannte in Theos Zimmer. Mir fiel auf, dass ich dieses Zimmer schon seit Ewigkeiten nicht mehr betreten hatte. Es sah eigentlich aus wie immer, aber es roch nicht mehr wie früher und auf dem Boden und auf dem Ledersessel lagen Milas Sachen verstreut. Werner lehnte an der Wand neben dem Fenster, der offene Koffer lag in der Ecke und sein grüner Schlund gähnte mir entgegen.

Ich hatte nicht die geringste Lust, in Milas Sachen rumzuwühlen, aber auf einen schlecht gelaunten Achim hatte ich noch weniger Lust und darum musste ich jetzt schleunigst ins *Delirium*. Ich kniete mich neben Milas Rucksack und spähte vorsichtig in die große Öffnung. Ich sah Klamotten und ein Handtuch. Ich öffnete eines der Seitenfächer, darin fand ich einen kaputten Karabinerhaken und ein paar Münzen. Ich probierte es auf der anderen Seite und fand meinen Schlüssel – und einen Brief. Ich wusste, dass ich den Reißverschluss einfach wieder hätte zuziehen sollten, aber meine Neugier war zu groß. Ich stopfte mir den Schlüssel in die Hosentasche und zog den Brief heraus.

Er war von der Ausländerbehörde und er war an Mila adressiert. Doch unter ihrem Namen stand noch ein anderer Name – Linus Heller – und eine Berliner Adresse, die ich nicht kannte. Ich schaute auf den verwischten Poststempel. Der Brief war vom März, wenn ich es richtig erkennen konnte.

Keine Ahnung, wer Linus Heller war, Mila hatte ihn mit keinem Wort erwähnt, aber vermutlich hatte sie bei ihm gewohnt, nachdem sie von den faulen Hippies die Nase voll gehabt hatte.

Mit Herzklopfen zog ich das Schreiben aus dem Kuvert. Das hätte ich nicht tun sollen. Ein Albtraum aus Buchstaben überrollte mich.

»Sie wurden am 4. März im Rahmen einer Polizeikontrolle in Berlin aufgegriffen und halten sich seither ohne Pass, Passersatz oder Aufenthaltstitel im Bundesgebiet auf ...«, las ich heiser und meine Finger begannen zu zittern. »Hinsichtlich Ihres weiteren Aufenthalts in der Bundesrepublik Deutschland ergeht folgender Bescheid: Sie werden aufgefordert, die Bundesrepublik Deutschland innerhalb eines Monats nach Bekanntgabe der Entscheidung zu verlassen ...« Meine Augen huschten zurück zum Datum auf dem Briefkopf und ein kalter Stein fiel mir aufs Herz. Der Brief war über drei Monate alt! Seit Wochen steckte er in Milas Rucksack! Wochen, in denen sie mich für meine Angst verspottet hatte! *Rike, du schaust zu viele Krimis.* »Sollten Sie Ihrer Verpflichtung zur Ausreise nicht fristgerecht nachkommen, wird Ihnen hiermit die Abschiebung in die Russische Föderation auf Ihre Kosten angedroht.«

Das waren so viele schreckliche Wörter auf einmal, dass ich das Papier sinken ließ.

Mir wurde heiß und schwindlig. Vor meinen Augen tanzten schwarze Paragrafen und in meinem Kopf hämmerte es. Abschiebung. Abschiebung. Man drohte ihr mit Abschiebung. Und was machte Mila? Spielte Gitarre und fütterte Enten!

»Für den Fall, dass Sie Ihrer Ausreiseverpflichtung nachkommen möchten«, las ich weiter, »bitten wir Sie die freiwillige Ausreise durch beigefügte Grenzübertrittsbescheinigung nachzuweisen.« Ich schleuderte den Brief in die Ecke. Für den Fall, dass sie ihrer Ausreiseverpflichtung nachkommen wollte! Eher würde es heute noch schneien!

Plötzlich hörte ich mein Handy klingeln. Ich sprang auf und rannte in mein Zimmer. Es war Achim. Auch das noch.

»Wenn du nicht in fünf Minuten hier bist …«

»Achim, ich …«

»Quatsch keine Opern, schwing deinen Hintern her.«

»Ja, okay … bis gleich.«

Ich lief zurück in Theos Zimmer und verwischte meine Spuren. Den Brief steckte ich ein.

Kurz vor Mitternacht schickte Achim mich nach Hause, obwohl meine Schicht noch nicht zu Ende war. Vier zerbrochene Gläser und mindestens zehn falsch gebongte Bestellungen gingen bis dahin auf meine Kappe.

»Mach dich vom Acker, sonst treibst du mich heut noch in den Ruin«, brummte Achim und ließ mich ziehen. Ich war heilfroh, dass er mich von den üblichen Verwünschungen verschonte. Aber was mir noch bevorstand, war ohnehin viel schlimmer als Achims Gefluche.

Ich sah schon vom Hof aus, dass in der Küche Licht brannte. Ich schloss mein Rad an und schleppte mich die Treppe hinauf. Tausend Sätze spukten mir durch den Kopf, Vorwürfe vor allem, und dann die fürchterlichen Zeilen, die ich nie hätte lesen dürfen.

Mila saß in der Küche und schrieb in ein Buch. Als sie mich bemerkte, klappte sie es sofort zu und schob es unter eine Zeitung.

Sie sah mich mit großen Augen an und plötzlich war meine Kehle wie zugeschnürt. Wortlos knallte ich den Brief auf den Tisch.

Sie erkannte ihn sofort und sprang auf, als wäre er eine giftige Schlange.

»Sag mal, bist du bescheuert?«, schrie sie mich an. »Woher hast du den?«

»Aus deinem Rucksack.«

»Wieso schnüffelst du in meinen Sachen?«

»Wieso lügst du mich an?«

»Ich habe dich nicht angelogen!«

»Ach nein?«

»Nein!« Milas Stimme überschlug sich.

»Aber verschwiegen hast du mir was! Hockst mit mir am Feuer, singst mir was vor, machst einen auf Freundin und hast *so einen* Brief in der Tasche!«

»Ich bin nicht deine Freundin!«, brüllte Mila.

»Nein, das bist du nicht! Eine verlogene Schmarotzerin bist du!«

»Im Gegensatz zu dir schiebt mir das Leben eben keine Perlen in den Arsch!«

»Ach, und soll ich mich deswegen jetzt schlecht fühlen? Behandelst du mich deshalb wie den letzten Dreck? Weil du neidisch bist?«

»Neidisch?« Mila lachte verächtlich. »Worauf denn?«

Mir schossen Tränen in die Augen. »Warum hast du mir denn nichts gesagt?«

»Warum hast du mir denn nichts gesagt?«, äffte Mila mich in weinerlichem Tonfall nach. »Weil du es gar nicht wissen willst!«, fauchte sie. »Oder denkst du, ich bin blind? Oder taub? Du machst doch nachts kein Auge mehr zu, seit wir im Kino waren. Weil die Bullen *vielleicht* gekommen wären und mich *vielleicht* kontrolliert hätten. Wie gut hättest du denn geschlafen, wenn ich dir erzählt hätte, dass sie mich schon mal erwischt haben?«

»Und wie ist das passiert?«

»In irgendeinem Club. Ausweiskontrolle. Toll, oder? Fühlst du dich jetzt besser? Weil du Recht gehabt hast?«

»Und wer ist Linus?«, fragte ich weiter.

»Ein verdammter Wichser, der mich vögeln wollte, ich wollte aber nicht.«

Mir sackte das Blut in die Beine und ich musste mich hinsetzen. Tränen liefen mir übers Gesicht und tropften auf die Tischplatte. Der Brief, der zwischen uns lag, verschwamm vor meinen Augen. Jetzt war alles gesagt. Jetzt war alles kaputt. Aber es kam noch schlimmer.

»Was ist denn hier los?«, hörte ich Theos Stimme hinter mir. Ich sah zu Mila, die mit verschränkten Armen in der Ecke stand und mich mit glühenden Augen anfunkelte.

Ich ließ den Kopf sinken, tropfte immer noch den Tisch nass und schwieg.

»Hallo? Kann mir jetzt mal einer sagen, was hier los ist?«

Ich spürte Theos Blicke in meinem Rücken, ich fühlte, wie auch Mila mich anstarrte, und da lag immer noch dieser Brief.

Die Worte waren plötzlich in meinem Mund.

Sie waren plötzlich einfach da und ich sprach sie aus, ohne nachzudenken.

»Mila soll abgeschoben werden.«

Dann gab es einen Knall. Es war die Küchentür. Ich sah auf, Mila hatte sich keinen Zentimeter von der Stelle bewegt. Ihr Blick durchbohrte mich.

»Ich hasse dich«, sagte sie ruhig, ging an mir vorbei, eine zarte Wolke aus Pfefferminz, und dann knallte die Tür ein zweites Mal.

Über den Flur drang Geschrei. Ich huschte in mein Zimmer und schloss die Tür ab. Ich legte mich ins Bett, stopfte mir Kopfhörer in die Ohren und drehte die Musik auf. Ich starrte die Wand an. Ich schlug mit der Faust dagegen, dass es wehtat. Ich zog mir die Decke über den Kopf, ich presste die Augen zu, nichts half. Immer wieder sah ich Milas Gesicht, ihre schönen, bösen Augen.

Der Morgen kam irgendwie. Als ich aufwachte, hatte ich noch immer die Stöpsel in den Ohren. Mein Bett war nass geschwitzt oder geheult, keine Ahnung. Es war hell draußen. Die Vögel zwitscherten. Eigentlich ein Ding der Unmöglichkeit.

Ich stieg die Leiter hinunter, drehte leise den Schlüssel um und spähte auf den Flur hinaus. Alles war still. Ich ging in die Küche. Der Brief war weg, das Buch auch. Neben dem Herd stand immer noch der Topf mit altem Popcorn. Seit Wochen stand der nun schon da. Irgendwie war alles aus den Fugen geraten.

Ich ging ins Bad und erstarrte. Milas Zahnbürste war verschwunden, genau wie ihr Duschgel und ihre Haarbürste. Ich rannte in mein Zimmer und zurück in den Flur, ich blieb vor Theos Tür stehen und lauschte. Stille. Dann flog die Tür plötzlich auf und Theo kam heraus. Er hätte mich fast über den Haufen gerannt.

Ich erhaschte einen Blick in sein Zimmer und sah, dass Milas Sachen nicht mehr da waren.

»Theo!«, rief ich und lief ihm hinterher zum Bad.

»Lass mich in Ruhe«, brummte er und schlug mir die Tür vor der Nase zu. Ich hämmerte dagegen, aber er machte nicht auf.

»Wo ist Mila?«, rief ich. Er antwortete mir nicht. »Theo! Theo, mach auf! Wo ist Mila?«, rief ich noch mal und dann hörte ich, wie die Dusche anging.

Nachdem er eine halbe Ewigkeit im Bad zugebracht hatte, passte ich Theo im Flur ab. Er versuchte, mir auszuweichen, aber ich stellte mich ihm in den Weg. Ich musste endgültig den Verstand verloren haben.

»Wo ist Mila?«, fragte ich, tänzelte rückwärts und stemmte mich in den Türrahmen zu seinem Zimmer.

»Weg.«

»Wie – weg?«

»Ich hab sie rausgeschmissen.«

»Was?«

»Lass mich durch, Rike«, sagte Theo bedrohlich leise.

»Und wo ist sie jetzt?«

»Ist mir scheißegal. Rike, lass mich durch.«

Er wollte schon nach meinem Arm greifen, da ließ ich ihn freiwillig durch. Zwei Sekunden später schlug die nächste Tür vor meiner Nase zu. Ich wagte es nicht, die Türklinke auch nur zu berühren.

Doch ich blieb, wo ich war. »Theo, bitte. Bitte lass uns

doch reden. Ich … es tut mir leid. Ich wollte nicht, dass das passiert. Ich wusste doch auch nicht, dass …«

Da ging die Tür wieder auf.

»Jetzt hör mir mal ganz genau zu, mein Fräulein«, sagte Theo ruhig, aber sehr beherrscht. »Du suchst dir am besten auch so schnell wie möglich 'ne neue Bleibe und bis dahin verschonst du mich mit dem ganzen Psychoterror, klar? Ihr habt sie doch nicht mehr alle!« Dann flog die Tür zu und wurde von innen abgeschlossen.

Die Tage darauf verbrachte ich in einer Art Dämmerzustand. Was geschehen war, kam mir vor wie ein Albtraum. Und genau so bewegte ich mich auch fort: wie eine Schlafwandlerin.

Doch allmählich lichtete sich der trübe Schleier und ich kam wieder zu Bewusstsein. Nichts deutete mehr darauf hin, dass Mila jemals bei uns gewesen war, sie hatte nichts zurückgelassen. Der dritte Haustürschlüssel hing wieder am Nagel neben der Spüle, der dritte Stuhl in der Küche diente Theo wieder als Ablage für seine Zeitschriften. Nach jenem Montagmorgen hatte ich es nicht mehr gewagt, Milas Namen in seiner Gegenwart auch nur zu erwähnen, obwohl ich an nichts anderes denken konnte.

Das taube Gefühl wich allmählich einem anderen, noch viel schrecklicheren Gefühl: Schuld. Ich war schuld daran, dass Mila nicht mehr hier war. Meinetwegen hatte sie jetzt vermutlich nicht mal mehr ein Dach über dem Kopf. Aber dass sie noch einmal hier auftauchen würde, war vollkommen ausgeschlossen. Und dass sie nun ausgerechnet mich um

Hilfe bitten würde ebenso. Dabei wollte ich so gern alles wiedergutmachen. Und genau darum hoffte ich entgegen jeder Wahrscheinlichkeit auf ein Zeichen von ihr.

Es kam kein Zeichen, nur der Alltag. Ich ging wieder regelmäßig zur Uni, ich durfte mir keine Fehlstunden mehr erlauben. Die Semesterferien standen kurz bevor. Alle redeten von irgendwelchen Reisen, von tollen Praktika, ich hatte überhaupt nichts geplant. Ich dachte immer nur an Mila und fragte mich, ob es ihr gut ging.

Ein paar Tage später nahm ich all meinen Mut zusammen und rief Mila auf dem Handy an. Es war ausgeschaltet. Dann rief ich bei Andreas an, aber bei ihm oder einem seiner Leute hatte Mila sich auch nicht gemeldet. Für meine Nachfrage hatte er nur Häme übrig.

Aber so schnell wollte ich diesmal nicht aufgeben. Ich musste wissen, wo sie war. Ich musste sie sehen, mit ihr reden, doch dafür musste ich sie erst mal finden. Hieß es nicht immer, die Welt sei ein Dorf? Konnte sich dann nicht wenigstens Berlin auf der Stelle in eines verwandeln? Nur für einen Tag?

Ich ging zur S-Bahn und fuhr nach Neukölln. Ich klapperte alle Kneipen ab, in denen wir zusammen gewesen waren, auch die in Kreuzberg. Ich fragte alle möglichen Leute nach Mila, aber niemand konnte sich erinnern, sie in der letzten Zeit gesehen zu haben.

Nachdem ich in dem letzten Café auf meiner Liste gewesen war, lief ich erschöpft zurück zur U-Bahn. Mir taten die Beine weh und außerdem war es eigentlich viel zu warm für lange Fußmärsche.

Anschließend fuhr ich kreuz und quer durch die halbe Stadt, mit der U8 bis Gesundbrunnen und zurück, mit der U2 von der Schönhauser Allee bis zum Potsdamer Platz und wieder zurück. Dreimal. Ich wusste, dass das immer eine von Milas Stammstrecken gewesen war, weil so viele Touris mit dieser U-Bahn fuhren. In der U2 waren wir uns auch das erste Mal begegnet. Sie hatte sich sofort in mein Herz gesungen. Es war tausend Jahre her.

Tatsächlich stiegen am Potsdamer Platz ein paar Musiker ein. Ich sprang sofort auf und ging zu ihnen. Mit Händen und Füßen fragte ich sie nach einem Mädchen mit dunklen langen Haaren, großen Ohrringen und Gitarre, woraufhin sie aufgeregt durcheinanderredeten. Im Hintergrund dudelte Musik aus einer kleinen Lautsprecherbox. Aber sie kannten Mila nicht oder hatten überhaupt nicht verstanden, was ich von ihnen wollte.

An einem anderen Tag versuchte ich mein Glück ein zweites Mal, wieder ohne Erfolg. Die U-Bahnen waren voll, aber Mila schien wie vom Erdboden verschluckt zu sein.

Als ich nach Hause kam, erwartete mich eine Überraschung. Theo hatte Besuch. Ich hörte Stimmen in seinem Zimmer und bekam sofort rasendes Herzklopfen. Gerade als ich an der Tür lauschen wollte, ging sie auf. Ein rothaariges Mädchen kam heraus und lächelte mich höflich an.

»Hi«, sagte sie und verschwand im Bad.

Ich stand vollkommen perplex im Flur und konnte nicht glauben, was ich gerade gesehen hatte. Auch eine Art der Konfliktbewältigung, dachte ich fassungslos und ging in mein Zimmer.

Draußen schien die Abendsonne und ihr honiggelbes Licht fiel auf die Dielen. Schön sah das aus. Ich schaute in die raschelnden Zweige der Birke und dachte an die Fledermäuse, die Mila kein Glück gebracht hatten. Dann zog ich mir ein Kleid an, schnappte mir meine Tasche und fuhr zur Uni. In einem Biergarten in Mitte feierten die Soziologen eine Sommerparty und ich hatte große Lust darauf, mich abzulenken.

Als ich gegen Mitternacht wieder nach Hause kam, hatte ich drei verpasste Anrufe und eine Nachricht auf dem AB. Ich nahm mein Handy vom Fensterbrett, wo ich es vor meinem überstürzten Aufbruch liegen gelassen hatte, und wählte die Nummer meiner Mailbox. Ich erkannte die Stimme sofort.

»Rike, hier ist Mila. Es ist alles schiefgegangen. Sie haben mich eingesperrt. Es ging so schnell in dem Supermarkt, ich bin jetzt eine Diebin. Kommst du bitte? Nach Köpenick, ich habe die Adresse vergessen, ich habe fast alles vergessen, ich bin so durcheinander. Seit ich hier bin, kann ich mir überhaupt nichts mehr merken …« Ich hörte ein Schluchzen, dann ein scharfes Räuspern. »Ich habe noch nie in meinem ganzen Leben etwas gestohlen, das musst du mir glauben. Aber neulich …« Es rauschte und knackte. »Ich weiß, dass du böse auf mich bist. Ich habe vier Tage und Nächte über alles nachgedacht. Weißt du, wie viele Dinge man in sechsundneunzig Stunden denken kann? Zu viele für einen einzigen Kopf. Sie haben mir meine Gitarre weggenommen. Sie ist ein gefährlicher Gegenstand. Ich könnte jemanden damit erschlagen. Am besten mich selbst. Sie wollen mich zurückschicken, in meine Heimat. Meine Heimat hat sechs Saiten und steht im Keller dieser Anstalt. Es ist schrecklich. Kannst du bitte kommen? Ich …« Es tutete.

Wenn ich jemals eine Kolumne über die S-Bahn schreibe, wird sie mit dieser Fahrt beginnen. Das dicke Kind mit Gipsbein, das seinen Malblock malträtiert, wird nicht darin vorkommen, auch nicht der Typ mit Bierfahne, der seinem Kumpel erzählt, dass er seiner Alten das Haushaltsgeld kürzt, wenn sie es noch mal hinter seinem Rücken mit dem Nachbarn treibt, und auch nicht das hochaufgeschossene Mädchen mit der winzigen Handtasche, das bestimmt sehr vornehm Fisch essen kann.

Es wird um den freien Platz neben mir gehen, auf dem Mila jetzt sitzen könnte, wenn unsere Geschichte anders verlaufen wäre.

In Grünau steige ich aus. Der Tag ist viel zu schön für das, was ich vorhabe.

In der Bahnhofshalle verkauft ein Mann Kirschen, »sehr süß und knackig«, steht auf dem Schild. Bis eben wusste ich nicht, was ich Mila außer dem schmalen Rilke-Bändchen mitbringen sollte, jetzt weiß ich es und kaufe ein Pfund. *An Tagen wie diesen tut es gut, an Kirschen zu denken. Findest du nicht?*

Mit der Straßenbahn fahre ich weiter Richtung Köpenick.

Die Stationen tragen absurde Namen. Wassersportallee, Regattastraße, Betonwerk. In der Rosenstraße steige ich aus.

Ich kann das Gebäude schon an der Haltestelle sehen: Die hellen, hohen Betonwände mit den kleinen vergitterten Fenstern ragen in den blitzeblauen Himmel auf, die meterhohen Außenmauern sind mit riesigen Schlaufen aus Stacheldraht gesichert, davor steht ein weiterer Metallzaun. Da drin soll Mila sein? Das ist vollkommen unmöglich!

Ich kenne Gefängnisse nur aus dem Fernsehen. Aber das hier ist was ganz anderes. Einen Bildschirm zwischen dem eigenen Sofa und der Welt zu wissen, schafft behagliche Distanz. Hier ist nichts mehr behaglich, hier ist alles aus Stein und Metall und ernst und videoüberwacht.

Ich überquere die Straße und die Mauern wachsen mit jedem meiner Schritte oder ich schrumpfe, keine Ahnung.

Ich gehe langsam zu dem großen Tor am linken Ende der gigantischen Anlage. Es besteht aus dicken grünen Metallstäben und ist an der Oberseite mit Zacken bewehrt. In das große Tor ist eine Tür eingelassen. »Besuchereingang« steht auf dem Schild darüber. Ich spähe durch die Gitterstäbe. Dahinter liegt ein langer, breiter Weg. Hundert Meter lang, zweihundert Meter, ich kann es nicht sagen. Zu beiden Seiten ragen Mauern auf, was für ein entmutigender Anblick. Der Weg führt zu einem flachen Gebäude. Und da soll ich durch? Ich fühle, wie mein Herz pulsiert, bis in den Hals hinauf kann ich es spüren.

Neben der Tür ist eine Klingel angebracht, die Besucherklingel. Ich starre das weiße Plastikgehäuse ungläubig an, ich kann mir einfach nicht vorstellen, da draufzudrücken.

Am liebsten würde ich auf der Stelle umkehren, zurück in die Straßenbahn zu den schnatternden Omas in geblümten Blüschen steigen und dann an einem schöneren Ort wieder aussteigen. Plötzlich weiß ich wieder, warum ich erst ein paar Tage verstreichen ließ, um hierherzukommen.

Ich drücke auf die Klingel und dann öffnet sich das Tor. Ich gehe hinein und laufe langsam geradeaus. Ich drehe mich nicht um, ich will nicht sehen, wie sich das Tor hinter mir schließt.

Die Mauern sind beklemmend, ich bin winzig, ich schaue hinauf in den blauen Sommer, den sie nicht wegsperren können, ein Spatz turnt im Stacheldraht. Es dauert ewig, bis ich bei dem zweistöckigen Gebäude am anderen Ende des Weges angekommen bin. Ich gehe die Stufen hinauf und stehe vor einer Glastür. Noch eine Klingel. Ich drücke drauf, ich habe ja jetzt Übung.

Ein Polizeibeamter öffnet mir und ich sage, dass ich Mila besuchen möchte, und ich sage auch, dass sie meine Freundin sei. Ich zeige ihm meinen Ausweis und dann führt der Beamte ein Telefonat. Kurz darauf kommt er wieder hinter seinem verglasten Schreibtisch hervor und sagt mir, dass Mila nicht mehr da sei. Sie sei vor zwei Tagen in ihre Heimat ausgereist.

Ich würde dem Mann in Uniform gern erklären, wie sich das mit Mila und ihrer Heimat verhält, aber ich habe alle Worte vergessen.

Die Gittertür öffnet sich leise und ich gehe hinaus. Ich drehe mich nicht um. Ich laufe zur Haltestelle. Auf dieser Seite der Straße befinden sich Gärten. Am blickdichten Palisadenzaun hängt ein Topf mit Geranie. Als die Straßenbahn kommt, werfe ich die Kirschen in den Müll. Die kann man nicht mehr essen.

Der Platz neben mir in der S-Bahn bleibt frei. Ich fahre seit über einer Stunde umher, einfach im Kreis. Ich kann nicht aufstehen. Ich weiß nicht, wo ich aussteigen soll. Alle Haltestellen sind falsch. Mila, denke ich, ich hätte dich beschützen müssen, aber ich habe dich losgelassen. Ich habe dich verraten und jetzt habe ich dich verloren.

Bei diesem Gedanken schüttele ich den Kopf. Ich kann mir einfach nicht vorstellen, sie nie wieder zu sehen. Sie ist doch meine Freundin, meine Janis, Janis aus Rostow am Don. Und ganz plötzlich kommt mir eine Idee: dass ich vielleicht doch weiß, was ich in diesen Semesterferien vorhabe.

Danke, meiner wunderbaren Lektorin Petra Deistler-Kaufmann; Jan und Elen für eine besondere Deutschstunde; Anna und Susanne Pfeiffer für russische Schimpf- und Kosewörter; Marcus Gemmel für ein interessantes Gespräch über Grundsatzangelegenheiten; Herrn Schildt und seinen Kolleg(inn)en des Abschiebungsgewahrsams Köpenick für einen sehr anderen Freitagnachmittag; Stef, David und Henning für voll tolle Kiezbegehungen; den Zebrafischen für jede Menge Smashhits; Henrike für Rettung in letzter Sekunde; meinen Freunden und meiner Familie für alle Sekunden davor und natürlich dem Ravensburger Buchverlag!

© René Limbecker

Britta Keil wurde 1980 in Erfurt geboren und schreibt Geschichten, seitdem sie schreiben kann. Sie hat Germanistische Literaturwissenschaft studiert und arbeitete mehrere Jahre als Kinder- und Jugendbuchredakteurin. Ihr Debütroman »Zwei Sommer« erschien 2007. Britta Keil lebt und arbeitet in Berlin.

Kontakt: mail@britta-keil.de